U0904451

读者
原创版
DUZHEYUANCHUANGBAN

等到老去的那一天

《读者·原创版》杂志社／主编

等到老去的那一天，
静坐，独处，品一杯清茶，
慢慢地回味那些曾经的美丽与苦涩，
那些曾经的云淡风轻。

敦煌文艺出版社

图书在版编目（CIP）数据

等到老去的那一天 /《读者 · 原创版》杂志社主编
. -- 兰州 : 敦煌文艺出版社，2013.12
ISBN 978-7-5468-0632-7

Ⅰ. ①等… Ⅱ. ①读… Ⅲ. ①散文集－世界 Ⅳ.
①I16

中国版本图书馆CIP数据核字（2013）第295176号

等到老去的那一天
《读者 · 原创版》杂志社 主编
出 版 人：吉西平
图书监制：刘 峰
责任编辑：刘仕杰
选题策划：吴小丽 刘 燕
特约编辑：谭楚楚
封面设计：马顾本

敦煌文艺出版社出版、发行
本社地址：(730030)兰州市读者大道568号
本社网址：www.dhlapub.com
投稿信箱 tougao@dhlapub.com 编务信箱 gy@dhlapub.com
0931-8773084(编辑部) 0931-8773235(发行部)

三河市中晟雅豪印务有限公司
开本 787 毫米×1092 毫米 1/16 印张 14.5 插页 1 字数 140 千
2014 年 1 月第 1 版 2014 年 1 月第 1 次印刷
印数：1 ~ 10 000

ISBN 978-7-5468-0632-7
定价：28.00元

没有到不了的明天

陪你到世界尽头

那一场呼啸而过的青春

一切都会好的

我在时光深处等你

没有到不了的明天

最后一片叶

文_欧·亨利

华盛顿广场西面的一个小区里，街道错综复杂，形成了崎岖狭长的小胡同，被称为“巷子”。这些“巷子”角度怪异，线条奇特，街道甚至会同自己本身交叉一两次。一位艺术家曾经发现了这条大街的可贵之处：如果有人来收颜料、纸张和画布的账款，就会在这条大街上七转八拐，最后突然发现自己又绕回到了原处，但依旧两手空空，未收回一文钱！

所以，搞艺术的人很快就都聚集到了这个古老而离奇的格林尼治村。他们四处搜寻朝北的窗子、18世纪的山墙、荷兰式的阁楼和低廉的房租。然后，他们从第六街区“进口”几只锡铅合金的杯子和一两个烘锅，这就成了他们的“据点”。

有一处低矮的三层砖瓦顶楼，那儿就是苏和琼西的画室。琼西是乔安娜的昵称。她们一个来自缅因州，一个来自加利福尼亚州。她们是在第八大街的“德尔莫尼科”的餐馆里吃饭时相遇的，发现彼此在艺术、饮食和衣着品味上都非常契合，于是就共同创建了那家画室。

那是五月份的事了。到了十一月，街区里突然闯进了一位冷酷的不速之客，它冰冷的魔爪肆意横行——医生称之为“肺炎”。这个无情的蹂躏者在广场东面趾高气扬地肆虐，残害了很多人的生命。然而，在这个狭窄、青苔蔓生、迷宫一般的“巷子”里，它却放慢了脚步。

“肺炎先生”可不是你们所谓的那种具有骑士风范的老绅士。一个被加利福尼亚的西风吹得不见血色的柔弱女子哪是这个摩拳擦掌、气势汹汹的老混蛋的对手。可它还是没有放过琼西。琼西一动不动地躺在那张刷过油漆的铁床上，透过荷兰式的窗格，凝望着对面砖房空白的墙壁。

一天早晨，那长着乱蓬蓬灰色眉毛的医生神色匆匆地把苏叫到走廊上。

“听我说，她的病只有——十分之一的希望，”他一边说一边甩着体温表，让水银柱滑下来，“而这一线希望取决于她的求生欲望。人要是放弃了生存的念头，存心想去殡仪馆排队，那任何医药都无能为力。您这位朋友认定自己是好不了了——她有什么心事吗？”

“她——她希望有朝一日能去画那不勒斯海湾。”苏说。

“画画？——胡扯！有没有值得让她一再花心思去想的事——比方说一个男人？”

“男人？”苏像犹太的竖琴一样从鼻子里哼了一声，“男人难道值得——可是，哎，算了，医生，根本没那回事。”

“哦，那么，这正是她虚弱的原因。”医生说，“我会竭尽全力，用科学所能达到的一切办法来为她治疗。可要是我的病人开始数她出殡队伍中的车辆，那我医药的疗效就要减少百分之五十。如果你能使她对今年冬季大衣袖子的新款式有兴趣并提个问题，我就可以向你作五分之一的保证，而非十分之一。”

医生走后，苏走进工作室，哭了，眼泪把一张日式餐巾纸弄得一团湿。然后，她带上画板，吹着轻松欢快的口哨，装作精神抖擞的样子跨进了琼西的房间。

琼西裹在被子里，脸对着窗子，一动不动。苏以为她睡着了，赶紧停止了口哨。

她架起画板，开始为一本杂志上的故事画钢笔插图。青年画家必须通过为杂志社的故事作插图来铺平他们通往艺术的道路，而那些故事则是青年作家通往文学殿堂的铺路石。

苏正在为小说里的主人公——一个爱达荷州的牛仔，画一条在马匹展览会上穿的高雅马裤和一副单片眼镜。一个低低的声音传入了她的耳朵，一次又一次地重复着，她急忙来到床边。

琼西双眼圆睁，盯着窗外，数着数——是倒着数的。

“十二，”她说，过了一会儿，“十一”，接着“十”、“九”，“八”和“七”几乎连在了一起。

苏关切地看看窗外，那儿有什么好计算的呢？只有一个光秃秃、阴沉沉的院子，20米外，还有一堵砖墙的空白墙壁。一株沧桑衰老的常春藤，攀爬在砖墙的半中央，根部扭曲枯朽。寒瑟的秋风几乎扫落了藤上所有的叶子，只剩下光秃秃的枯枝虚弱地攀附在那几乎化为齑粉的砖块上。

“怎么了，亲爱的？”苏问道。

“六，”琼西说道，几乎是在耳语，“它们现在落得更快了。三天前，还有将近一百片，数起来让我头疼。可现在简单了。又落了一片，只剩五片了。”

“五片什么啊，亲爱的？告诉你的苏迪。”

“叶子。常春藤上的叶子，当最后一片落下时，我也得走了。两天前我就知道了，难道医生没有告诉你吗？”

“哦，我可从来没听过这种无稽之谈，”苏极其不满地奚落道，“那老藤叶和你恢复健康有什么关系呢？你过去不是一直很喜欢那株藤树吗？你这淘气的姑娘，别犯傻了。对了，今早医生告诉我，你很快就会康复的——让我想想他到底是怎么说的——他说十有八九能好！啊，那就是说康复的可能性几乎与我们在纽约搭有轨电车或是走过一幢新建筑物一样。来喝点儿肉汤吧，让苏迪回去画画吧，这样才能卖给那些编辑，来给她生病的孩子买葡萄酒，也给自己买点儿猪排解解馋。”

“你没必要再买什么酒了，”琼西说，眼睛定定地看着窗外，“又落了一片。不，我也不要什么肉汤，叶子只剩四片了。我想天黑前看到最后一片叶子落下来，那时，我也该走了。”

“琼西，亲爱的，”苏俯下身说，“拜托你在我画完前闭上眼睛，不要看窗外，好不好？那些插图我明天必须得交。要不是需要光，我早就把窗帘拉上了。”

“你不能到另一间屋子里去画吗？”琼西冷冷地问。

“我宁愿待在你这儿，”苏说，“再说，我也不想你老盯着那些无聊的藤叶。”

“你一画完就告诉我，”琼西闭上眼睛躺了下来，她面色苍白，一动不动，像一尊倒下的雕塑，“我想看到最后一片藤叶落下。我累了，不想再等了，也不愿再想了。我想摆脱一切，像那可怜的、疲惫的藤叶一样慢悠悠地飘下去，飘下去。”

“赶紧睡吧，”苏说，“我得把贝尔曼叫上来，让他给我当那个隐居老矿工的模特。我一会儿就会回来的，我回来之前别乱动。”

贝尔曼是一位老画家，住在她们这座楼的底层，六十多岁。他长着像米开朗琪罗的雕像摩西一样的胡子，它从半人半兽的森林之神脑袋上沿着小鬼般的身体弯弯曲曲地垂下来。贝尔曼在艺术上非常失败，他挥着画笔画了四十年，还不曾摸到艺术女神的裙带边儿。他总是酝酿着一幅传世经典之作，但始终也没见他动笔。几年来，除了时不时涂抹一些商业画和广告画之外，他什么也没画过。他给那些“据点”里雇不起专职模特的青年艺术家充当模特，挣几个钱。他过量地饮用杜松子酒，不断地谈论他未来的杰作。除此之外，他还是一个脾气暴躁的小老头儿，猛烈地嘲讽任何人的温情，却甘愿做保护楼上两位青年艺术家的看门狗。

在楼下光线昏暗的小窝里，苏找到了酒气熏天的贝尔曼。角落的画架上是一块空白画布，二十五年来，一直等候着迎接传世之作的线条。苏把琼西奇怪的想法告诉了他。她是多么害怕那轻柔脆弱的琼西会抓不住她与人世的最后一丝联系，像枯叶一样随风飘逝。

老贝尔曼红红的眼睛里分明涌出了泪水，他咆哮着表明他对这白痴的想法是多么轻蔑和不屑。

“混账话！”他嚷道，“世界上还会有这样的笨蛋，叶子一落就想死。我从没听过还有这种事。不，我没心情给你那个傻瓜隐士当模特。哎，你怎么会叫她的脑袋里生出这种愚蠢的念头呢？哎，可怜的琼西小姐！”

“她病得很严重，很虚弱，”苏说，“高烧把她烧糊涂了，她满脑子古怪的想法。好了，老贝尔曼先生，如果你不想给我当模特，我不勉强你，但我觉得你是个讨人厌的老——老啰唆鬼。”

“你真是个妇人！”贝尔曼叫道，“谁说我不愿意？走啊，我陪你去。我都说老半天愿意帮你忙了。天啊！像琼西这样的好姑娘，不该在这种地方生病啊。总有一天我会画一幅杰作，到时我们就离开这里。天啊，会的！”

他们上楼时，琼西已经睡了。苏把窗帘拉下，一直遮住窗台，示意贝尔曼去另一间屋子。在那儿，他们忧心忡忡地看着窗外的那株常春藤，四顾无言。过了一会儿，冷雨夹着冰雪固执而持久地下着。贝尔曼穿着蓝色的旧衬衣，坐在一只倒放着作为岩石的大鼓上，扮成隐居的矿工。

第二天一早，只睡了一个多小时的苏醒来发现琼西睁大着两眼，呆呆地盯着那拉下的绿色窗帘。

“把窗帘拉开，我想看看。”她低声命令道。

苏怏怏地听从了。

可是，看呐！经历了一夜漫长的狂风暴雨，那儿居然还有一片常春藤叶依偎在砖墙上。那是藤条上的最后一片了，靠近叶柄处是深绿的，但锯齿状的叶片边缘已经呈现出枯黄，它傲然地悬挂在离地面二十米高的树枝上。

“它是最后一片了，”琼西说，“我想它昨晚准会落的。我听到了风声。今天它会落下的，而那时我也就死了。”

“亲爱的，亲爱的！”苏把疲倦的脸庞挨近枕头边上说，“即便你不想自己，也想想我啊。我该怎么办啊？”

可琼西没有回答。世界上最孤寂的莫过于一个准备踏上神秘而遥远的死亡之旅的灵魂了。当她与友谊和尘世的纽带一点点松开时，那种幻想似乎把她抓得更紧了。

这一天终于挨过去了，黄昏时分，她们仍然看到那片孤零零的藤叶倚着墙壁紧紧地挂在茎上。随着夜色渐浓，北风又开始咆哮，雨点不停地敲打着窗户，雨水从低矮的荷兰式的屋檐上倾泻下来。

天刚蒙蒙亮，毫不留情的琼西又要把窗帘拉起来。

那片藤叶依旧在那儿。

琼西躺着，久久地注视着它。然后她开始喊苏，苏正在煤气炉边忙着给她熬鸡汤。

“苏，我是个坏女孩，”琼西说道，“天意让最后一片藤叶留在那儿，来表明我曾经有多邪恶。想死就是罪恶。现在给我点儿肉汤，再加点带葡萄酒的牛奶，再——不，先给我拿面小镜子来，再替我把枕头垫起来，我要坐着看你煮汤。”

一小时后，她说：“苏，我希望有朝一日能去画那不勒斯海湾。”

下午医生来了，在他离开时，苏找了个借口跟他来到走廊。

“百分之五十的希望，”医生握着苏瘦弱颤抖的手说道，“好好照顾她，你会成功的。现在我得去楼下看另一个病号了。贝尔曼——他的名字好像是——我想或者是个艺术家之类的人，也得了肺炎。他年纪太大，身体又弱，病得很严重，几乎没什么希望了。不过今天还是让他进了医院，好让他过得好受些。”

第二天，医生告诉苏：“她已经脱离危险了，你成功了。现在只需要加强营养和精心调养了。”

下午，苏来到琼西床边，琼西正靠在那儿，心满意足地织一条毫无用处的深蓝色羊毛披肩，苏用一只胳膊把她连同枕头一把搂住。

“我有件事想告诉你，小家伙，”她说，“贝尔曼先生今天因肺炎在医院去世了。他得病才两天时间。头一天早上，看门人发现他在自己的房间里痛苦而无助地呻吟着，他的鞋子和衣服都湿透了，冰冷彻骨。谁也想不到，在那样一个可怕的夜晚他会去哪儿。后来，他们找到了一只灯笼，还依旧亮着，一架不知从哪儿拖来的梯子，几只散落的画笔，还有一块调着黄色和绿色的调色板，还有——看看窗外吧，亲爱的，看看墙上那最后一片藤叶吧。你难道不觉得奇怪，狂风大作时它居然动也不动！啊，亲爱的，它就是贝尔曼的传世之作——最后一片叶子掉落时，他把它画了上去。”

热爱生活

文_杰克·伦敦

那个男人掉进小溪，扭伤了脚踝。

他叫唤他的朋友："喂，等我一下，比尔，我扭伤了脚。"

无人应答，比尔已经消失在潮湿的雾气里。尽管还只是8月份，在午后惨淡的阳光下，加拿大的荒原显得无比的孤寂和荒凉，阴沉的天空笼罩着大地，低矮的山峦，没有树木，漫山荒芜，男人周身顿时弥漫着无边的恐惧。

"比尔！"他又叫道，"比尔！"依然没人应答。

男人挣扎着站了起来，好像发烧一样浑身颤抖。他竭力克制住内心的恐惧，找到落入水里的枪，然后慢慢地挪动脚步。子弹已经用完，枪也没什么用了，不过他还是没有扔掉。

为了减轻右脚踝的压力，他把背包挪到了左肩，然后匆匆爬上了一座小山丘。他从那儿看到了一个山谷，空阔却沉闷。

山谷的底部松软而潮湿。他接着赶路，想沿着踪迹追上同伴。

虽然孤身一人，但他并没有迷路，他知道，再走远点，就能找到路了。沿着那条路到了河边，就可以找到被石头压着的木船。掀开木船，下面有一个地窖，里面有装空枪膛的弹药、钓竿、绳索，还有一张小网。那里还有为数不多的面粉、熏肉和蚕豆——大部分已被他们在来北方寻金的路上吃掉了。

比尔一定会在那里等他！他想，他们可以沿河道划船，到达那个温暖而又有足够食物的寓所——哈得逊海湾公司的一个驻扎点。

他边想边缓慢前行，接着又想，可能比尔已经把他抛弃了。整整两天，男人颗粒未进，快要饿死了，这使他更加恐惧。途中，他时不时地停住脚步，吃些野果子，但这些大多是苦味的籽粒。饥饿感无时无刻不在增强。

太阳已经下山了。突然，一块突出的大石头把他绊倒。他一动不动地躺着，很久没有起来。后来，他取下背包，挣扎着坐起来。天空还有些亮光，借着暗淡的暮色，他去采些青苔。当他采了一大堆后，便生火烧了一小壶水。

他打开背包，开始数火柴，还有67支。他仔仔细细地数了三遍，然后分三个小包，用油纸包好，一包放在他的空烟袋里，另一包塞进帽子里，第三包则放进贴胸的衬衣口里。他怕万一再掉进水了，所有的都弄湿就不能用了。

他烘干鞋袜。湿的鹿皮靴都破成碎块了。袜子也磨出了好几个洞，脚踝肿得跟膝盖一样大。他从毯子上撕下一块布条，紧紧地绑住脚踝，又撕下几条缠在脚上做靴衬。他浑身冰冷，担心不已，看样子要下雪和霜冻了。水煮开后，他喝了些，又把手表上好发条，便钻进毯子里，沉沉地睡过去了。

醒来时已六点钟了，他仰面躺着，凝视着灰沉沉的天空，感到异常饥饿。他撑着手肘翻了翻身，听到一阵强烈的鼻息声并看到一只大鹿正惊奇地盯着他。这家伙离他不超过50米，他立即想到火烤鹿肉了。他端起空枪，瞄准，扣动扳机。鹿对着空枪的击发声哼着鼻子，顿时消失得无影无踪。

那人一边大声咒骂着，一面挣扎着站起来。他慢慢地卷起背包，看着背包里的鹿皮袋子，这是额外的负担了，他开始考虑着这东西现在还有没有用。但是，他还是把它卷了起来，带着它继续出发了。

脚踝锥心般地疼痛，但饥饿感更令他无法忍受和万分恐惧。不久，他又来到了个小山谷，几只小鸟拍着翅膀，“嘎……嘎……嘎……”叫着飞走了。他扔了几块石头，但没打中一只。他把背包放在地上，开始像只猫一样潜伏着接近小鸟。

尖尖的石头划破了他的裤腿，擦破了膝盖，流出血来，但他饿得太厉害，以至于都感觉不到疼痛。他咒骂着飞鸟，模仿着飞鸟的叫声怪叫了起来。

时间慢慢过去了，他来到一个峡谷，那儿有更丰富的猎物。一群鹿足有二十多只在步枪射程之内经过，他知道要去追它们是不可能的。他曾看到一只狐狸嘴里衔着一只鸟。他大声吆喝，想吓唬狐狸把鸟扔下，结果狐狸被吓跑了，却没有把鸟扔下。

他非常疲倦，时常想休息——想躺下来睡觉，但饥饿迫使他不得不前进。他在小池塘里找青蛙，用指甲挖泥土找蚯蚓，虽然他知道在遥远的北方既不会有青蛙也不会有蚯蚓。

他在一个地方沿小溪走，想找到鱼。在一个小水洼，他发现了一条小鱼。他把手臂伸进水里，水深到了肩胛，但是，鱼儿却游走了。接着他用两只手去抓，把水底的污泥都搅上来了。在慌乱中，他掉进了齐腰深的水里。因为看不见鱼，他只得等待池水澄清。

当他再次试图捕捞时，水又被搅浑了，于是他用小铁桶开始舀水。起先，他很用力地舀，有些水又流了回去。后来，尽管他的心在胸中激动得怦怦跳，手也在发抖，但他还是小心翼翼地舀。半个小时后，水终于差不多舀干了。但还是没有鱼，它已经从石缝溜到另一个大池塘里去了。

白忙一场！他在湿地上坐下来，啜泣起来，然后绝望地哭了起来。

他生了一堆火取暖，又喝了些热水。毯子又冷又湿，脚踝还是疼得厉害，但饥饿依旧让他最难以忍受。他试着睡着了，但还是梦见了食物，很多丰盛的美食。

他冻醒过来时，浑身难受，没有一丝阳光。生火烧水时，周围的空气都变成了白色。天下着雨夹雪，雪花很快融化，把他的火堆也熄灭了。

这时他已经快饿疯了。他扒开雪层，拔起一些草根，咀嚼着，这些东西一点味道都没有，有的还苦涩得难以下咽。

这天晚上他没有生火，因为找不到一点干木柴。他只好钻到毯子底下睡觉，不时地被饿醒。整个晚上，雪花化成了冷雨，打在他的脸上。

第二天早上稍晚些时候，阳光穿过了沉沉的雾气，这时他才意识到自己迷路了。他掉转方向，往北走，希望找到河流和那艘独木船，后来他又想不知道比尔怎么样了。

尽管饥饿的痛苦没有加剧，但他知道自己的身体机能在日趋衰竭。他常常不得不停下来休息，舌头干燥而肿大，满口苦味。心脏的麻烦更大，他能感觉到它在“怦、怦、怦”地跳得厉害，痛得简直让他窒息，晕眩不已。

中午，他在一个小池塘用桶抓了两条小鱼，把它们生吃了下去，但是饥饿之痛已使他变得麻木，肠胃好像也不起作用了。

早上，他又抓到了三条小鱼，吃了两条，留下一条做早餐。又一个晚上过去了。清晨，他在脚上又缠了一些毯子碎条，然后解开鹿皮口袋的绳子，倒出一堆黄色的天然金沙金块。他知道必须减轻负担，他现在都没有力气带上这最后剩下的毯子了，他大致把黄金分成两份，把其中的一半倒在毯子碎条上，卷成小包，藏在一块岩石缝里。

随后，他继续艰难地赶路。

他又碰到一个寒冷的大雾天气，最后留下的那条毯子，有一半都裹在脚上了，现在他已经虚弱得连那个小背包都拿不动了。他再一次把黄金分开，这次把一半倒在地上。到了下午，剩下的也扔掉了，只留下半条毯子、一个水桶、刀和枪支。

他继续前行，一个多小时后，他晕了过去。当他被一个声音惊醒时，简直不敢相信自己的眼睛，一匹马站在他面前。一匹马！他擦了擦眼睛，突然发觉他看着的竟是一头大棕熊。

男人正准备把枪扛到肩膀上，想起里面没有子弹，便放下枪，抽出猎刀，犹疑着熊会不会袭击他。他挺直身子，盯着那只熊，伺机而动。那只熊向前走了几步，又停住了。男人知道他如果跑的话，熊肯定会去追。他用尽全力挥舞着猎刀，像野兽一样咆哮着。熊不知道这是只什么神秘的动物，也就走开了。

男人打起精神，继续前进。现在又有了一种新的恐惧，这儿有狼。狼三三两两地不时走在他经过的路上，它们没有理睬男人，因为去捕鹿更省事。

傍晚，他偶然看到一些小鹿的尸骨。他就坐在青苔上，把骨头放成一堆，用牙啃这些骨头，想啃些生肉吃。然后他用石块把骨头敲碎，碾成粉末吞下去。急切之下，他差点折断了几个手指，但现在他已经不在乎这种伤痛了。

接下来又是雨雪交加的可怕天气。活下去的意念支撑着他。正是这种活下去、不能死的意志让他坚持了下来。到这个时候，他对痛苦的感觉已经麻木。半生半死的他蹒跚地走着，爬着，直到来到河边。他模糊地意识到这不是他和比尔留下独木船的那条河。沿着河道往下游走，他不知道自己在哪儿——这已经不重要了，但他想活下去，他继续向前。

一天早上，他醒过来，自己仰面躺在一块突出的石头上。他忍痛使劲儿侧过身来，看到下面是河道的出海口。看到这个他并没有很激动，只是好像看到了自己的幻境。也许，毕竟，这是在做梦——有一艘船泊在那里。他闭上眼睛，又张开眼睛，那艘船还在那里，男人真不敢相信。

他听到身后有一个声音——一种憋气的喘息或者咳嗽声。附近什么也没看到，这奇怪的声音又传过来了，前面20米的岩石前方，出现了一只灰色狼头的轮廓。这个野兽的眼睛里充满了血丝。它看来是有病，不能跟狼群猎食，它甚至害怕自己的同类，但是现在它悄悄靠近这个人，等他死亡。

男人又向大海看去，他断定那艘船是真的，它至少在5英里以外，但他决心生存下去。他不再感到饥饿，扔掉了剩下的毯子，枪也被他丢掉了。

尽管极度虚弱，但他还是很镇定。他撕开膝盖以下的裤筒，把它们绑在脚上，他行动缓慢，但坚定不移。还有些火柴和一个铁桶，烧了些水喝。现在感觉稍微好些了，能够站起来。他朝那只船走过去，直到身体支持不住了，便又像动物一样用四肢爬过去。

黄昏，他看到一只和他相似的空鹿皮袋子，他认出来这是比尔的。100码远的地方有一副人的尸骨，不用猜，那肯定是比尔。

终于，男人静静地躺着睡了。夜里，那只病狼曾两三次靠近他，露出利齿，饥馋地嗅他。男人挥舞着他的手臂，把狼吓跑了。

第一缕阳光给男人带来了生机。他已不能站立起来，于是，他向船爬过去。现在他能看清楚它了——它就停在浪花拍岸处。他的膝盖和手臂都擦破了，流着血，但他继续移动着，每次一米，直到爬到海滩。他静静地躺着——一步也爬不动了。他幻想着食物，洁净的衣服，还有温暖的阳光，他又开始向前爬行。

这艘船是“贝德福”号，曾是捕鲸船。船上载着一支科学考察队，有几个队员看见一个奇怪的东西沿着海滩爬向水面，他们辨认不出那是什么东西。身为科研人员，他们爬上小艇，想探个究竟。结果他们看到一个很难说还活着，更很难把它称之为“人”的东西。他像一条蚯蚓一样在地面蠕动，一小时也许只前进20米。

他们把这个人抬上了“贝德福”号，给他东西吃，并让医生护理他。

几天后，他能从床上坐起来了。他流着泪，哭诉自己差点在荒野中丢掉性命的经过。然后，他满怀憧憬地谈起了那个阳光之地——加利福尼亚的南方，他的家人住在那里，还有长满柑橘树和花朵的家。

生命的篇章

文_芭芭拉

即使在我一个梦想都没有的时候，我一直都有计划。读大学期间，我学会了做人要有责任感，做事要讲究条理，要树立切实可行的目标。然而，所有的事情都发生了变化。大学毕业的前几天，我在离家很远的地方被诊断患有脑瘤。我陷入了绝望之中，独自从医院里跑了出来，泪水止不住地掉下来，我不知道将来的生活会是什么样子。生活在瞬间变得无法预测，我感到茫然。尽管在好友的安慰下痛苦缓解了许多，我却无法在他们面前掩饰自己对死亡的恐惧。尽管烦乱至极，我还是完成了考试。

我开始变得与其他人不同。我的朋友们正忙着毕业、庆祝，急切地掀开新的生活篇章，我却无法加入他们，不能与他们一起庆祝。我发现观察身边的人对我生病消息的反应非常有趣：一些人因为不知道跟我说些什么而远离我；一些人的反应富于戏剧性；还有一些人的反应很合情合理，我面对这些人时倍感舒服。

几天之内，我收拾好了学校里的所有行李，回家与家人一起面对这突如其来的不幸。到家后，我马上去找高中时最好的朋友——高三那年她患了癌症。我知道，她能够带给我与疾病作战的勇气，因为四年前，我亲眼目睹她勇敢地克服了诸多磨难。

在切除肿瘤手术的日子来临的那段时间，剧烈的病痛折磨着我。我一边想随它去，一边又感到极度烦乱，建立起来的精神支柱濒临崩溃的边缘。身边的其他人都健健康康地活着，我却要遭受病痛的折磨，这让我变得非常愤怒。我经常问自己：为什么会是我？

就在这个时候，一些令人惊奇的事情发生了，我开始以全新的眼光看待周围所有美好的事物。我开始关注那些极其微小的事情，曾经，我忽略了它们的存在。我注意到，当花一点儿时间去享受落日时，你就会发现那是多么缤纷和平静；从山坡上生长的小草飘落下来的绿色叶片，看起来是那么鲜亮；只要听听小孩子的笑声，我在一天中所受到的煎熬马上就会消失得无影无踪。

我从手术中醒来后，感激自己健康地活了下来，这真是不可思议。我获得了第二次生命，那一刻我的心中充满了难以言表的幸福感。我要重新学习走路，做一些简单的事情，所以身体完全恢复是一个很长的过程。记得在回到家里之后，我第一次仔细地看自己光秃秃的脑袋，我本不该如此，但我的确感到惊讶。具有讽刺意味的是，在我得知自己患有脑瘤这件事情的一个月之前，我把头发剪短，并将长头发捐赠给了美国癌症学会。我发现，短发和没有头发简直有着天壤之别！

生活会在你意想不到的时候捉弄你一下，这是必然的。既然我有了这个新的开始，我就要珍惜生命的每一分钟。以前，我常常听别人说，你不要梦想那些不可能的事情，我也总是喜欢按部就班。现在，心怀梦想，跟着内心的渴望向前走，而不必考虑结果如何，成了我剩余的时间要做的唯一的事。

遭遇蝴蝶袭击

文_塞弗恩

我穿过一片森林，沿着一条小路往前走时，看到前面的路上有一个水坑。我转变方向，绕开它，走到路面上没有被水和泥浆覆盖的那边。当我刚走近水坑时，突然遭到了攻击。当然，对于这种攻击，我不予理会，可它太出乎人的意料，发起者也完全料想不到。我十分震惊，尽管已经被袭击了四五次，但我未受到任何伤害。我往后退了一步，攻击者也停止了袭击，在我面前优雅地飞舞着，在空中盘旋，不再向我进攻了。如果我受到了伤害，就不会觉得它很有趣了，但我没有，真可爱，我笑起来。毕竟，袭击我的是一只蝴蝶。

笑过后，我往前走了一步，攻击者又向我冲过来了，它竭尽全力地撞我的胸膛，用头和身体一次又一次地发起进攻，仍然是白费力气。我又后退了一步，攻击者的袭击也减弱了。然而，当我再次试着往前移动时，攻击者的反应又强烈了，我的胸膛又反复地受到了冲撞。我不知如何是好，只能第三次地退了回来。毕竟，受到蝴蝶的攻击不是谁都能每天碰得到的。这次我后退了好几步，查看情形。我的攻击者也向后移动，落在地上。这时，我发现它刚才袭击我的原因了。它有一个濒临死亡的伴侣，就在它落下来的水坑旁。

它紧紧依偎在伴侣的身边，翅膀一张一翕，好像是在为伴侣扇风。蝴蝶对伴侣的关心所体现出来的爱和勇气，实在令我钦佩。为了它的伴侣，尽管伴侣显然即将死亡，而我又如此庞大，它仍担当起保护的重任——来袭击我。它这样做，只是为了让伴侣在弥留之际，度过最后片刻的宝贵时光，我又怎能如此粗心，差点儿踩到它的伴侣呢！现在，我明白它战斗的原因和目的了，我的选择只有一个，我小心地围着水坑，绕到路面的另一边。尽管它仅仅一米宽，且特别泥泞。为了伴侣的安全，它敢于对比自身庞大、沉重上千倍的对手发起攻击，就证明了其行为的正当。我除了走到水坑更泥泞的一面，以此作为奖赏之外，实在是无能为力了。它的确赢得了与伴侣相伴的片刻安宁。

为了这最后的时刻，我安静地离开了它们。后来，我走到车旁，擦掉了靴子上的泥。

从那以后，不论何时，当我面临巨大的阻碍，总会想起那只蝴蝶所表现出来的勇气。它给了我一种启示，并时刻提醒我：美好的东西，我们值得为之而战。

小小的蝴蝶为了爱侣最后的安宁，勇敢地向比自己大数千倍的对手发起进攻，这需要怎样的勇气啊？假如在前进的路上，面对遥远的目标，你还在为路途遥远而畏葸不前，那么扪心自问，难道自己还比不上一只蝴蝶吗？

羡妒满花园

文_卡罗拉

我对园丁这一行很了解，因为我自己就是园丁，但我觉得学习园艺一点儿用处也没有。园丁总希望在自己的花园里种上新品种，或是希望在朋友的花园里看到自己没有却很想拥有的植物，所以，我理解园丁们的浮躁，深知他们的弱点。

如果我问及的每一个园丁都能确切地说出他们的喜好，我是不会吃惊的。园丁们总会对某种东西怀有强烈而特殊的喜好。无论何时，他们或者对这个感兴趣，或者对那个情有独钟，在他们眼里，没有什么东西令他们反感和憎恶。他们胸中的爱，只有一时，当这一时刻过去，他们就会去回忆，回忆那种特殊的植物、特殊的花，而忽视了曾经与自己相伴过的花木。他们把这些寻常的花木抛之脑后，记起的也只是那些新品种，尤其是那些来自远方的、遥不可及且杳无人烟的地方（如喜马拉雅）的花木。

漫长的童年里，所有快乐的日子总是在花园中度过，所有的甜蜜中总掺杂着对参加园艺劳作的渴望。一个园艺工作者的祖母会种上某种玫瑰，种上这种在黄昏中散发着芳香的玫瑰；当祖母在花园中忙碌，儿时的园丁便会沿着祖母的足迹走着——玫瑰花的香味混合着祖母衣裙上的气息，这样的记忆，不论园丁是否徜徉于花园，都将永远存留，并影响他一生。因而，在与这么一个人

（园丁）交谈中，一句话，一个想法，就像——“我多大多大时，为了某个我现在不再感兴趣的东西去市集，然而，也就是在那里，我第一次看到了我至今没忘也难以忘却的东西”——能让人深思，而说出这话或发出这种感慨的人，正打着赤膊，颤抖着站在你面前，一副感慨颇多、回忆绵绵的样子。回忆是一个园丁真正的调色板，它唤起了陈年往事，铸就了今天的生活，也描绘出明日的美好。

我种植硬叶绿绒蒿从未成功过，但我脑海中总有一幅硬叶绿绒蒿的画面，一幅由回忆组成的画面（我是在很久之前看到它的），一幅由“将来”（未来，回忆的反义词）组成的画面，这幅画面带给我的震撼太大了，我和它之间发生的任何事情都比不上脑海中的已成印象深刻。我第一次见到它时是在韦恩·温特罗德的花园里，后来，每每回忆起硬叶绿绒蒿时，也都会想到韦恩。忆起它的同时，我也对自己说，它不会是这个样子了（我在韦恩的花园看到的那样）。因为，在韦恩的花园里，它是独一无二、无可比拟的，但我希望它能在佛蒙特州的山地中自由地生长，远离它的产地，远离它那自然生长、被人遗弃的家园，用自己独特的方式繁衍不息。

第一次来到这座花园时，我怀着一种脚踏实地的想法。踏实的开始就会有切实的结果：从哪里才能得到它，要怎么种。想弄到这种植物并不难，附近就有苗圃。但怎么种呢？带着这个问题，我翻了很多书，里边的建议千篇一律。最后，我终于想通了——去别人的花园看看，别人怎么种，我就怎么种。我想，他们也是这样学会的吧。

然而，不论是否学会，不论是失望还是满载而归，觊觎邻居花园的我们还是得回到自己的园中。

我不可能拥有自己想象中的花园，但对我而言，那正是乐趣之所在，有些事情是永远无法实现的，因而我们更加有理由去尝试着实现这些。一座花园，不论有多美，都无法令人完全满意。毕竟，就如我们所知道的那样，世界最初就是一个美丽的花园，一个完美的花园——也就是天堂——不久后，这个花园的拥有者和居住者却想要得到更多。

讨厌的家伙

文_鲍尔斯

杰里真是个讨厌的家伙，他是那种整天心情愉快、乐观向上、能说会道的人。如果有人问他最近怎么样，他一定会说："好极了，再好不过了。"

刚认识杰里时，我还是一家餐饮公司的年轻管理员，而他已经是一位出色的经理了。因为他良好的态度，一些服务员甘愿跟随杰里辗转于各个公司。他天生善于激励人，如果哪个员工心情不好，杰里总能告诉他如何积极应对。

他的这种作风的确令人称奇。于是，有一天，我问杰里："我不明白，你为什么总能积极乐观，你是如何做到的呢？"

杰里答道："每天早晨醒来，我都对自己说：'杰里，今天你有两种选择：心情愉快或是闷闷不乐。'我选择愉快。每当有不幸的事情发生时，是选择接受伤害，还是吸取教训？我选择后者。每次别人向我抱怨时，是接受牢骚，还是指出生活的积极面？当然，我选择后者，生活就是这些选择。"

我思考着杰里的话。不久，我离开餐饮业去寻找属于自己的位置。尽管我们失去了联系，但每当我选择生活而不是应付生活时，就会想起他。

几年后，我听说杰里遭遇了一件令人难以想象的事：一天早上，他没有关后门，三个劫匪冲了进去，用枪口对准他，让他打开保险箱。当时他因紧张，锁从手上滑了下来。情急之下，劫匪打穿了他的手，又向他的腹部开了三枪。救护车来时，他躺在地上，已经奄奄一息。人们迅速把他送往当地的外伤中心，经过18个小时的手术和几个星期的护理，杰里终于在一个月后出院了，可是体内还残留着子弹碎片。

大约六个月后，当我见到杰里，询问他的身体状况时，他说："好极了，再好不过了。想不想看看我的伤疤？"我没看他的伤疤，只是问了抢劫发生时他的想法。

"我首先想到的是，"杰里答道，"应该把后门锁好。后来，我倒在地上想，我有两个选择：活下去还是死亡？我选择活下去。"

"难道你不害怕吗？当时，你失去知觉了吗？"我问。

杰里继续说道："医生们很好，他们不断地告诉我，我会好起来。但当他们把我推进急诊室时，我看到医护人员的表情，不禁担心起来。在他们眼里，我完全是一个死人了。我知道，我必须有所行动。"

"你做了什么？"我问。

"一个高大的护士冲我大喊：'杰里，你对什么药物过敏吗？''有！'我回答道。'什么？'她问。医护人员都停下来等我回答。我深深地吸了一口气，喊道：‘子弹！’他们都笑了起来，我告诉他们：‘看，我选择活下去，把我当活人而不是死人来做手术吧’。”

杰里活了下来，部分归功于他的医生们，更主要的是因为他坚强的态度。

一条电缆

文_奥里森·马登

希拉斯·菲尔德先生退休时已经是个很富有的人了。退休后，他想用自己的财产在大西洋海底铺设一条连接欧洲和美国的电缆线。决心已定，他便全身心地投入到这项事业中。前期的基础性工作是需要铺设一条从纽约到纽芬兰圣约翰的电缆，预计有1000英里长。首先，在纽芬兰大约400英里长的原始森林中，他们不仅要建造一条电报线路，还要修建一条同样长的公路。然后，还要穿越布雷顿角全岛140英里的线路和横跨圣劳伦斯海峡铺设电缆，这绝对是一个浩大的工程。

通过艰苦的努力，菲尔德最终从英国政府那里得到了资助。不幸的是，国会极力否决他的方案——仅有1票支持。

在第二次尝试中，当电缆线在海上铺到200英里时，电流突然中断，工作人员都在为此感到紧张不已，似乎意味着工程即将失败。正当菲尔德先生要下达切断电缆的命令时，电流又奇迹般地恢复了。

夜幕降临时，轮船仅能以4英里的时速缓缓前行。意想不到的是，轮船却在途中意外倾斜，致使电缆再次被割断。

菲尔德绝不是随便就放弃的人。他又重新订购了700英里长的电缆，并特地聘请相关方面的专家设计了一台适合远距离作业的设备。两艘轮船在分开不到3英里时，电缆线再次发生了断裂。紧急修补之后，两艘船继续前行。可是，在行驶了80英里后，电流又一次消失。电缆第三次修复后，在距离“阿伽门农”号20英尺的地方再次出现问题，两艘船被迫重新返回爱尔兰海港。

相关工作人员都备受打击，各种质疑的舆论从四面八方涌来。投资方也失去了信心，不愿再出资。唯独菲尔德没有放弃，他废寝忘食地继续工作——如果没有他，这项工程注定会以失败告终。

在菲尔德的坚持下，第三次尝试开始了。这一次可谓一帆风顺，所有电缆一次铺设完毕，也没有出现中途断电等事故。通过这条长长的海底电缆，终于可以发出信息了。就在这时，电流又一次中断了。

这一次，几乎所有人都陷入了绝望，除了菲尔德和他的几个朋友还在坚持着。菲尔德凭借自己的努力成功说服了投资人，开始了新的尝试。这次执行艰巨任务的是“大东方”号，它缓缓驶入海洋，开始重复之前的工作。起初，一切都很顺利，在横跨纽芬兰600英里处，电缆线再次被割断，并沉入到海底之中。

菲尔德没有因为眼前的失败而退缩。他重新组织人员，继续研发，制造出了一种质量远远优于普通电缆的新型电缆。1866年7月13日，菲尔德和他的同伴们终于顺利接通了电缆，并发出了第一份横跨大西洋直达纽约的电报：

“我们已于今天早上9时到达目的地，一切都很顺利。感谢上帝！电缆终于成功铺好，且运行正常——希拉斯·菲尔德。”

不久，喜讯再次传来，之前坠入海底的那条电缆最终被打捞并修复好，并一直通向纽芬兰。时至今日，这两条电缆仍运行良好，并且还会在将来继续造福人类。

激发意志的人生

文_威尔

一座乡村校舍靠一种老式的大腹陶制煤炉取暖。一个小男孩的工作就是每天早早来到学校，在老师和同学们到校前把炉子生好，让屋子暖和起来。

一天早上，老师和同学来到学校，看到房子起火了。他们把昏迷的小男孩从烟火弥漫的教室拉出来时，小男孩已奄奄一息。他被烧得面目全非，下半身伤势尤为严重，人们把他送到最近的乡村医院。他昏迷着躺在床上，听到了医生和妈妈的谈话。医生告诉妈妈，他肯定活不了多久——要是这样，那最好不过了——要知道，他的下半身肌肉已被可怕的大火烧坏了。

但这个勇敢的小男孩不想死，他下定决心要活下去。让医生惊讶的是，他竟真的活了下来。脱离生命危险后，他又听到医生小声地告诉妈妈，大火烧掉了他下半身那么多肌肉，生不如死，因为他下肢已经烧得没用了，注定要终生残废。

他不想成为残疾人，他要走路。勇敢的小男孩再一次下定决心，他要学会走路。不幸的是，他的腰部以下都失去了知觉。

他那两条孱弱的腿在裤管里打晃，了无生机。最终，他出院了。妈妈每天都给他按摩小腿，但它没有知觉，小腿根本不受大脑支配。他不在床上时，就坐在轮椅上。然而，他要学会走路的决心丝毫未减。一个晴朗的日子，妈妈把轮椅推到院内，让他呼吸新鲜空气。

这一天，他没有一直坐在轮椅里，而是爬了出来。他艰难地拖着两条腿，穿过草地，努力挪到包围着他们院子的白色尖桩栅栏处，费了好大劲儿，扶着栅栏站了起来。然后，他开始沿着栅栏，一个木桩一个木桩地向前挪动两条腿。他下定决心要学会走路。他开始每天都这样做，最后居然在栅栏边走出了一条平整的小路。没有什么事比给自己的腿注入生命更让他斗志昂扬了。最后，通过每天的按摩，凭借钢铁般的意志和坚定的决心，他最终站了起来，从蹒跚学步到独立行走——直至跑步！开始，他步行上学，然后，为了体验跑步的快乐，他开始跑步上学。后来，上大学时，他组织了田径队。再后来，在麦迪逊广场花园，这个意志坚强，曾被认为不能活下来、肯定不能走路、永远别指望会跑步的年轻人——格伦·坎宁安博士，他的奔跑速度竟打破了世界纪录！

最重要的生活法则

文_杰西·戈登

我学到的最重要的一条人生法则是："不管生活有多么艰难，我都不能放弃。"我必须继续坚持，想方设法改变不利的处境。我的生活应该是有价值的，我要试着快乐地生活，我必须学会正确地对待不同的生活。任何事都不能放弃，因为不管处境多么艰难，总有人在关心我、爱护我。

我曾经挣扎在大多数人都不会想到的困境之中。很多人只是摇头，根本不愿相信会发生这样的事情。在我想要说给他们听时，一些人只是说好像没那么糟糕，便不愿再听下去了。不过，其实我的确需要讲给什么人听，因为我要是忍着不说，情况会更糟，甚至不可挽救。

现在的生活并不像我以前想的那样毫无希望。当时，我甚至不敢确定自己现在还能不能真的活在世上，我甚至因为自己所受的罪而对上帝产生怀疑，也开始责怪母亲，为什么总是因为一些该做却没有做的小事，如喂狗之类的事情，而让我们挨揍、受罚呢？有一天，大约3点钟，我忘了喂狗，便被惩罚24小时不准吃饭。

另外一次是在我8岁时，距离圣诞节只有七天了。早上6:00的时候，生父把我和7岁的妹妹叫醒，让我们去清扫院子。院子里都是他的啤酒瓶和垃圾。

我和妹妹感觉院子非常干净了，就回到屋里，打开电视机看。这时，他走了进来，开始大喊大叫地骂我们，说我们不但懒，而且不听话。他说台阶下边还有一小片纸，因此就不过圣诞节了。那年，我们真的没有过圣诞节。

还有一次是在我9岁时，生父在修理搬运车时，叫我把工具递给他。我不知道他要什么工具，就站在原地没动。他站起来，冲我大叫道："为什么不递给我工具？"我只好说不知道是哪件，他就打了我一顿，尖叫着说过去我看到过他修车，看到别人给他递过哪件工具，我就应该知道他想要什么工具。结果是我被关在房间里待了一个星期。

这就是我的生活，大多数人都无法想象的生活。从我会爬的时候开始直到母亲离开，那个家每年都没有什么变化，我只要睁开眼睛，就心怀恐惧。13岁之后，我才有朋友到家里来。从那以后，我可以坦然地问问题，可以与母亲和继父一起吃冰淇淋。在我13岁前，生父一直是当着我和妹妹的面吃冰淇淋，却不让我们吃一口。不久，我就意识到母亲当初也为她自己和孩子们感到害怕，只是不知道该如何是好而已。上帝终于给了她力量和勇气，使她逃离了苦海。

以前，因为在这样的环境中长大，我的生活态度十分差，无论是对我爱的人，还是陌生人，我完全是一副冷漠的态度。我不但脾气不好，也不尊重权威。而且，我学会了整天坐在那里编造谎言。在我慢慢长大，懂得一切之后，我认识到自己有能力改变，有能力成为一个与过去不同的人。我不必像生父那样，我会善待他人，不发脾气，用和善的态度对待每个人。我已经知道，假如我对人家好，人家也会对我好，同时这也意味着我有了更多的朋友。

我开始更加友善地对待他人。如今，母亲和一个很好的人结了婚，生活得很美满。我也不再觉得生活很绝望，活着没有乐趣了。我认识到自己很快乐，也为自己没有放弃生活而感到高兴。去年，我第一次在期末报告书上得了4分。现在，我有很多朋友，因为我付出了不懈的努力。我改变了令人绝望的生活环境，并且现在的一切都充满着希望，令人鼓舞。

美梦成真

文_洛伦·赛伯尔德

从前，有一个小男孩住在山上一所大房子里。他喜欢遛狗、骑马、赛车、听音乐，还有爬树、游泳、踢足球，再就是追求漂亮女孩子。除了要做家务外，他的生活过得很不错。

一天，男孩对上帝说："我想了很久，终于想到长大后我想拥有什么了。"

"那你长大后想拥有些什么呢？"上帝问。

"我想住在一栋前面带长廊的大房子里，养两只圣伯纳德狗，屋后还要有一个花园。我要娶一个美丽高挑、温柔善良的妻子，她要有乌黑飘逸的长发和深蓝的眼睛，会弹吉他，唱起歌来清脆而嘹亮。

"我想要三个强壮的儿子和我一起踢足球。他们长大后，一个能成为伟大的科学家，一个当议员，最小的儿子会在49人的橄榄球队当四分卫。

"我想成为一名探险家，在浩瀚无边的海洋里航行，攀登所有的高山，解救危难中的人。我还想开着红色的法拉利兜风，还有，再也不要自己做家务了。”

“听起来是很美好的梦想，”上帝说，“希望你美梦成真。”

一天，小男孩踢球时，摔坏了膝盖。从那以后，他再也不能登高山和爬大树，更别说在海洋上航行了。于是，他学习市场营销，开了一家医疗用品公司。

他娶了一位美丽善良的女孩，她有着一头乌黑长发，但她并不高挑，甚至可以说很矮；眼睛是棕色，而不是深蓝色的；她不会弹吉他，甚至不会唱歌。不过，她能用稀有的中国香料做出美味佳肴，还会画一些羽毛华丽的小鸟。

由于生意的关系，他住在城里一栋高楼的顶部。在那儿可以俯视蔚蓝的大海和城市辉煌的灯火。他没有地方养两只圣伯纳德狗，但养了一只毛茸茸的猫。

他有三个女儿，都非常漂亮，只是最可爱的小女儿坐在轮椅上。三个女儿都非常爱她们的父亲，虽然不能陪他踢足球，但经常一起去公园掷飞盘——除了小女儿。她会坐在树下，弹着吉他，唱着婉转动听的歌。

他赚了足够的钱，生活得很舒适。但是，他没能驾驶红色的法拉利。有时，他还必须料理家务，整理东西，尽管那是他的分外之事。毕竟，他有三个女儿啊。

一天早晨，他突然醒过来，想起了曾经的那个梦想。“我很难过。”他对他最好的朋友说。

“怎么了？”朋友问。

“我曾经梦想和一个高挑，黑发蓝眼，会弹吉他、会唱歌的女人结婚。可我的妻子不会弹吉他，也不会唱歌，只有棕色的眼睛，个子也不高。”

“可你的妻子美丽又善良，”他的朋友说，“还会画漂亮的画，做可口的美食。”

但他听不进去。

“我很难过。”一天，他对妻子说。

“为什么？”妻子问。

“我曾梦想住在一栋带长廊的大房子里，养两只圣伯纳德狗，还有一个后花园，结果，我却住在公寓的47层。”

“可是我们的公寓非常舒适，还能从床上看到蔚蓝的海洋，”他的妻子答道，“亲爱的，我们有爱，欢笑和画中的鸟陪伴，还有绒球似的猫咪——况且还有三个漂亮的孩子。”

但是，他听不进去。

“我很难过。”他对家庭医生说。

“为什么？”医生问。

“我曾梦想成为一个伟大的探险家，而今我只是一个秃了顶，膝盖受了伤的商人。”

“可你售出的医疗用品救了很多人的命。”医生说。

但他听不进去，于是医生收他110美元，把他送了回去。

“我很难过。”这个男人又对他的会计师说。

“为什么？”会计师问。

“我曾梦想驾驶红色的法拉利，而且不要料理家务。可是，现在我只能坐公交车，有时，还得做家务。”

“可是，你穿着上好的套装，出入高档餐馆，还去欧洲旅游过呢。”会计师说。

他还是听不进去，不过，会计师仍收了他100美元，因为他也梦想拥有红色法拉利。

“我很难过。”这个男人对牧师说。

“为什么？”牧师问。

“我曾梦想有三个儿子，一个是伟大的科学家，一个是参议员，还有一个是四分卫。可是，现在，我只有三个女儿，最小的还不能走路。”

“可是，你的女儿们都聪明漂亮，”牧师说，“她们都很优秀，也都很爱你，一个是护士，一个是艺术家，小女儿还能教孩子们音乐。”

可是，他就是听不进去。他伤心至极，最后病倒了。他躺在医院白色的病房里，身边围绕着身穿白色制服的护士们，身上插满了各种管子和线，而这些器械都是他卖给医院的。

他陷入巨大的悲伤里。家人、朋友，还有牧师都围在床边，沉浸在深深的哀痛中，只有他的医疗师和会计师仍然很快乐。

一天夜里，他们都回家了，只有护士留在身边。这个人又见到上帝了，他说，“您还记得小时候我告诉过您，我长大后想要的东西吗？”

“那是个非常美好的梦想。”上帝说。

“那您为什么不给我呢？”他问。

“我已经给了，”上帝说，“我只是想把你没梦想到的东西也给你，好给你一个惊喜。”

“我想你已经注意到我给你的东西了：一个善良美丽的妻子；一份好事业；一个舒适的住所；三个可爱的女儿——这是我把所有的东西放在一起后，最好的一个组合……”

“是吗？”他打断上帝的话，说道，“可我以为您会给我真正想要的东西呢。”

“可我想，你也会把我真正想要的东西给我。”上帝说。“您想要什么呢？”他问道，他从未想过上帝也有想要的东西。“我希望你幸福，也把幸福给了你。”上帝说。整个夜里，他躺在黑暗里沉思。最后，他决定重新做一个梦，一个多年前就该做的梦。他决定做一个梦，梦里是那些他现在已经拥有的东西。

很快，这个男人恢复了健康，他开心地生活在第47层楼，享受着拥有的一切——女儿们甜美的声音，妻子深情的棕色眼睛，漂亮的鸟儿油画。晚上，他凝视着海洋，心满意足地观赏城市的灯火辉煌……

陪你到世界尽头

梦想之舟

文_洛林·M.格雷

“烦死了，为什么要约束自己！”我冲着脾气暴躁的丈夫嚷道。经过大卖场时，碰巧一家体育用品商店停业大甩卖，我想进去看看，里面有没有我们需要的东西。他用一贯暴躁的男人腔调抱怨道，“都是些昂贵的垃圾，要是有好东西，就不会停业了。”

“但是，我想孩子们会喜欢这里的体育用品，”我极力劝说他，“况且，那些小船、钓鱼用品之类的东西，你也喜欢。要不，这么多年，卫生间的镜子上怎么一直都贴着你那幅梦想之舟的图片呢？我可是看够了。也许你正想进去看看呢！”

“你疯了吗？”他用戏弄的眼神看着我，说道：“我想要的可是巴拉-巴拉一等小舟，一旦我攒够了6000美元，我就会直接去厂家那儿订购一艘银光闪闪的小船。这种即将停业的小店不会有那种货色，我可不想拼命挤进去上当受骗。”

“你简直不可理喻且无趣！”我反驳道。“我偏偏喜欢凑热闹，我觉得这让我不至于无所事事。我保证不买东西，只是逛着玩玩，你去喝会儿咖啡，半小时后我来找你。”

“做不到就不要发誓，老伴。”他得意地笑着，好像心里在说“等着瞧吧”，他总是这样激我，“我知道你准会买些没用的东西回来。你一向如此。”

他的话令我极度气恼。他竟敢说我草率行事！我自认为自己从来都是理性购物。我向来很会讨价还价，从不乱花我们的养老金，可现在，我真是生气到家了，“好吧，老兄，我倒要让你看看。”我暗下决心，不管有什么好东西，我绝不买回家。哈！我可不会把笑柄留给这个自以为是、自作聪明的家伙。

我下定决心，于是走进拥挤的商店。商店的过道里摆满了曲棍球、排球、高尔夫球和健身器材、渔具以及儿童玩具等，旁边写着醒目的标语：停业大甩卖，2折优惠，已售商品，概不退还。

我一边在过道里逛来逛去，一边又提防着那挤来挤去的购物者。我嘴里哼着小调，情绪高昂，全身心地享受着逛街的乐趣。

突然，在商店的后门，一个银光闪闪的东西吸引了我的注意，那正是我丈夫照片上的那只独木舟，里面放着救生衣、船桨、渔具。我屏住呼吸，眨了几下眼睛。啊，的的确确就在那儿，巴拉—巴拉—等小舟。我的心顿时激动起来。我奋力挤开拥挤的人群，跌跌撞撞地跨过过道里杂七杂八的东西，中间还差点跌进那只独木舟里，我急不可耐地去找价格牌。

那张破烂的价格牌上标着，厂家建议零售价：6750美元，另加税价，上面打了一个大大的叉叉，旁边加上手写的字体，清仓价：750美元，售出不退。

少了6000美元？一定是搞错了。我得去问一下售货员。

我瞅了一下那个胸前戴着“你好，我是马修”字样的年轻人。他正奋力从淘便宜货的人群中挤出身来。我抓住他的袖子，问道：“马修，那艘独木舟怎么回事，为什么只卖750美元？”

“噢，没什么问题，船是全新的。我们店要关门了，这船和其他东西一样，清仓贱卖。我想这价格还包括救生衣、船桨以及一些钓鱼用具。我去确认一下。”

几分钟后，他回来了，对我说道：“夫人，真的很抱歉，价格标错了，所有一切应该是4750美元。我刚问过我父亲，是他负责甩卖，他说这船原价是8000多美元，所以，买下来还是很划算的。”

我的眼泪马上涌了出来，“噢，是这样，”我难过地说，“当然，这几乎不太可能，一直以来我丈夫都梦想拥有这样的小船。当我看到价格标签时，我认为自己简直在做梦。这个星期五，他就要满62岁了。因为身体不好，他早早就退休了。靠退休金维持的生活是很艰难的，但是数年来，这个顽固的老傻瓜还是每周省下10美元，就为拥有这样的船。谁都知道，这只是一个老人在痴人说梦。他总说退休后要驾着独木舟去钓鱼……”我的声音哽咽了，于是转身离去。

快到大卖场门口时，马修赶了过来，“对不起，夫人，你有750美元吗，加上25美元送货费及一点儿税金？”我激动得快要喘不过气来了，说道：“有的，有的，我口袋里刚好有那么多钱。”我边说，脑子里边飞快地想着那笔我攒下来要做白内障手术的钱。

“那好吧，让你先生星期五上午10点在家里等着，我会和我父亲把那艘新船送来。我们还会为他庆祝生日，给船装上一个船头。”

我要哭了，两只老手颤抖着，填支票时，我不得不眯着眼睛。马修也有些哽咽。

“夫人，我想告诉你一件事。这家店是我爷爷开的，他经营了30多年，总是说有一天会退休，然后好好放松一下，划着独木舟去钓鱼，去年，他为自己订购了这艘船。可是，唉，他最终没能等到这一天。”

他强忍着泪水，继续说道：“爷爷突然在上周去世了，他只活到了68岁，我想，如果他知道你丈夫买下这艘船，一定会很高兴，我父亲也是这样想的。你能保证你丈夫经常使用这艘船吗？”

我递给马修一张纸巾，我们一起默默地站在那里，任思绪飞扬，激动不已。

“我保证！”说完，我飞快地奔了出去，去找我亲爱的丈夫。

高尔夫罗曼史

文_南茜·B.布斯

我的丈夫罗伊一直想打高尔夫球。

可怕的“高尔夫寡妇”的故事使我从不鼓励这项运动。结婚多年后，我们膝下已有三个孩子。正值青春年华的布拉德和查德是我们的双胞胎儿子，从他们口中得知，他们迷恋上了打高尔夫。当然，他们希望爸爸也能参与。于是他们央求他一起去打高尔夫，但他的兴趣早在多年前就已经被扼杀了。

父亲节那天，儿子们给了罗伊一个惊喜，送了他一套高尔夫球杆。那年，他们三个人在假期打了一场高尔夫，罗伊玩得非常开心，便想让我也体验一下那种快乐。

一个周六的下午，他恳求我：“咱们去打高尔夫吧。”

“我干嘛要去呢？”我问。

“你可以开车，”他回答，“拜托了。”他那可怜兮兮的样子，就像一个没钱买糖果的小男孩。

“当然可以，但我还可以开车去商场。那会更好玩，更有趣。”可我回头看到他伤心的样子时，改变了主意，同意和他一起去。

“需要多长时间？”我问他，话语中带着几分怨恨。

“我们只打九个洞。”他说，他一边收拾球具一边吹着口哨。之后我们便开车前往高尔夫球场的绿草地。

我抱怨着下了车，然后坐到白色小型高尔夫球车的驾驶座上。我感觉一点都不愉快，开车之前，罗伊就努力在教我行驶规则。

“什么规则？”我喊道，并将车开到全速。

“慢一点。”他恳求我。我大笑着，继续开。“你只能把车往指定的地方开。”他严厉地对我说。

“谁能阻止我？”我开玩笑说，有一种叛逆的快感。

当到达第一个发球区时，他摇了摇头。他分明是为从超速行驶的球车上下来而感到放松。看着他挥起球杆打出第一个球，我心中暗自纳闷，人们为什么都喜欢打高尔夫呢，我觉得这实在是太无聊了。

他击中了球，却不知球飞向哪儿。我们花了十五分钟的时间去找这个球，可是没找到。

“噢，这真有意思。”我责怪他。

“我们可以再拿一个球。”他安慰我，然后打开装高尔夫球的小包，拿出一个球。

我们回到发球区，我自言自语地抱怨：“一下午又要泡汤了。”罗伊打出了第二个球，但球在滑道上没走多远。又击了几杆后，球终于进洞了。罗伊开心极了，我好久没看到他这么开心了。我想：“这有什么大不了的？”

然后我们便上车驶向第二个洞，我仍继续着超速驾驶的游戏。而丈夫决定步行，他说他需要运动，但我知道他是嫌我开车太快。当他用很长的时间击球、找球的时候，我却在看松鼠和兔子玩耍。

当第五个球进洞时，一些意想不到的事情发生了。我们俩一起开怀大笑，很多年都没有这样开心地笑过了。供三个孩子上大学所产生的经济压力消失了，“工作过多，休闲过少”所造成的紧张情绪也随之而去，取而代之的是愉悦的心情和满面的笑容。更令我惊奇的是，我们又找回了浪漫的感觉。

我们到第六个发球区时，我仿佛又再度陷入了爱河。我觉得自己就像是一位正陪伴着白马王子的新娘，而此时正努力追赶白色小球的丈夫也突然变得是那么迷人。

当我们到达第七个发球区时，我感到他看我的时间还胜于球，“眼睛看着球。”我嗔怪他。

“不，我喜欢看着你。”他回答。

那一刻他决定和我一起坐球车，这回他也不介意我把车开得飞快了。到达第八个发球区时，我们的手已经握在了一起。他握着我的手是因为一时害怕还是他喜欢这么做，我不得而知。不管怎样，我都喜欢他握着我的手。我们已经好久没有手握手了。

第九洞，是最后一个洞，也是最棒的一洞。下车之前，他竟然倾身过来吻我。“你能来我真高兴，”他说，“我非常开心。”

“下星期我们还来，好吗？”我问，然后我们都笑了。

“好啊，下次我们要打十八洞。”他肯定地说。他用力将球击了出去，球飞进了树林里。然后我们哈哈大笑着去找打丢的球。

这次，我没有任何怨言，丈夫很开心，我很喜欢他的陪伴。高尔夫成了我们共处的一个不错的借口。

我们不仅找到了丢失的球，也找到了彼此的那份爱。

执子之手，与子偕老

文_达芙娜·勒南

我和迈克尔坐在离纽约市繁华的第三大道的一家小熟食店里，当服务员把盘子端到了我们桌上，我们几乎没注意到。

也许我们的交流算不上深刻，但却很生动。我们笑谈前晚看过的电影，对文学讨论课上文章中所表达的内在含义提出异议。他对我说，当他从少年步入成年之后，便拒绝别人再叫他“米奇”，成为真正的迈克尔时，是12岁还是14岁，他记不清了，但他的确记得母亲曾嚷着嫌他长得太快。我们开始吃蓝莓薄饼卷时，我把我和妹妹去乡下看表姐妹时摘蓝莓的故事讲给他听。记得我总是在回家前把我摘的那些都吃光，而姑姑总告诫我说，那样会肚子疼。当然，我肚子从来都没疼过。

我们的畅谈仍在继续，我环顾了一下餐馆，一对老年夫妇吸引了我的目光，他们坐在一个靠墙角的小餐桌旁。她的那条花裙子和她身后的椅垫一样褪了色，而她的旧手提包就放在椅垫上。老头有着光泽的头顶，就和他正细嚼慢咽的溏心蛋一样闪闪发亮。

她不紧不慢地喝着麦片粥，让人感到单调乏味。

他们不受外界干扰的静默吸引了我的注意。在我眼里，他们那个小小的角落被一种令人忧郁的空虚浸透了。

我和迈克尔继续交谈着，时而欢笑，时而低语，时而表白，时而品评，而我却被这对老夫妇透彻的静寂深深触动了。太可悲了，我想，难道真的无话可说了，难道彼此的故事里再也没有未敞开的新篇章了吗？倘若我们遇到这样的情景又会怎样呢？

我和迈克尔埋单后起身离开餐馆。我们经过老夫妇就座的角落时，我的钱包刚好掉到地上。我弯下身去捡钱包，却发现他们的另一只手温柔地在餐桌下握在一起。他们的手始终这样握着！

我站起身，亲眼目睹的朴素而真挚的相依之情，不禁让我感到自惭形秽。老人温柔地爱抚妻子那疲惫的手指时所流露出的柔情，不仅填补了我曾以为是情感空白的角落，也充溢着我的内心。他们的静默并非那种初次约会时一句妙语或一段趣闻之后那种沉默。他们的沉默反而令人感到很惬意，是一种无需语言表达的温柔之爱。

或许，很长时间以来他们一直这样共同分享早上的时光，今天与昨天相比，并没有什么差别，可他们却用一种平和的心态对待一切，彼此以诚相待。

我与迈克尔走出餐馆时，我不禁想，或许有一天，我们也会这样，那未必是件坏事，兴许会是件好事。

38年的美丽早餐

文_玛里琳·迈尔斯·斯拉德

我和丈夫在我们最喜欢的一家餐馆里庆祝结婚38周年时，钢琴手莱尼走过来问道："你们是如何让自己的婚姻历久弥新的呢？"

我知道，这个问题，只言片语是说不清楚的。然而，快到周末时，我开始思考这个问题，我想，或许其中一个原因就是，每逢周末，我们都在床上吃早餐。

我们结婚时，母亲送了我们一个早餐托盘作为结婚礼物。于是，我们周末在床上吃早餐的习惯由此开始了。盘面是玻璃做的，盘子两侧各有一个细长的木制侧袋，用来放晨报——就是过去常在电影中见到的那种。母亲很喜欢她那个时代的电影，虽然她很少在床上用早餐，却很希望女儿这样。深爱着我的新郎把母亲的这番话记在了心里。

婚后，一直都是丈夫准备早餐。我有些不好意思了，于是，我提议轮流准备早餐。虽然丈夫嘴上抱怨——"我讨厌床上有饭渣"——但我还是发现，每当星期天早上，他总是在床上急切地等着他的早餐。不久，这种周末早餐就成了我们生活的一部分，我也习以为常起来。我只知道，我们都很珍视这段有别于其他幸福时刻的时光——看看报、放松放松，暂时忘却其他杂事。

回想这些年来，我发现，我们的周末生活已经大变样，但这个老习惯却保留了下来。后来，我们有了小孩（初为父母时，早餐后，我们睡觉的时间远远多于看报的时间），但我们总能恢复之前的生活习惯——两个人的早餐，星期六一次，星期天一次。

当我们有更多的时间时，早餐托盘上的内容就变得富于喜庆色彩。最初只是以几何形状排列的水果片，后来就是从自家花园采摘的鲜花了——有时只采一朵，然后把它放在半个葡萄柚中。没想到这竟发展了我在装饰、点缀方面的天赋。不论什么东西，孤挺花也好，枫树的叶芽也罢，都成了我的装饰材料。丈夫说我做的早餐给他带来了许多灵感，我想，母亲也会赞同他的说法的。在那个星期六，当我看到丈夫将雏菊像帽子一样放在一个大草莓上时，我就想：我怎么才能超过他的这一创意呢？一个漆黑的冬夜，我从梦中醒来，眼前仿佛看到一个雪人站在托盘上。就在那个星期天，我铲来了一捧雪，并立刻做好了一个雪人。兴奋中，我一挥手把一枚小松果按在雪人头上了。

我把早餐端给丈夫，盘面上放着那个冻结实的小雪人。我等待着他的反应，但他一点反应也没有——而就在我下楼时，我听到他放声大笑起来，接着说道：“你赢了！这个奖非你莫属了！”

深爱无言

文_达芙娜

在那个明媚的春日，他们相爱了。思念他时，她拆下了一枝缀满苦涩而洁白樱花的树枝，不经意间，一片凄美的花瓣飘落，落入爱意浓浓的信封，对此他却一无所知。长路漫漫，花瓣渐渐退色，只留下一股春天的芬芳，信封中传来的阵阵暗香令他不禁笑容满面，仿佛陷入了温柔的回忆。

第二年夏天，因为浓浓的思念，她更靠近他了，他依旧没有察觉。她把自己的爱深藏在一只贝壳里，长久地握在手心，希冀他能感到她的温度和爱的呼唤，然后将贝壳送到他的脚边。犹豫的脚步在沙滩上留下忧郁的足迹，他在含着珍珠的贝壳前驻足。它是那样明亮，那样与众不同。于是，他笑了。他将它捡起，抛向大海，之后，久久地凝望，像是有一段温柔的思绪在心底泛起。他不知她曾经来过。

他把她赶走后，忧郁的秋日随之而来。她躲在一棵树后，亲吻着一片飘落在自己发间的树叶，偷偷地望着他，而他仍旧没有察觉。她轻轻地将叶子放在如镜的湖面，让它接受九月秋风的抚摸。风吹向他，携带着那片叶子，带着她心中的温暖。他对停在脚下的叶子扬起微笑，却不明白为何会觉得自己应该捡起那片疲惫的树叶，放入怀中再给它温暖。他不知她曾经来过。

那个晚冬，她的生命走到了尽头，而他却毫不知情。一片如丝绸和银片般柔软纯洁的雪花，飘落在他的睫毛上，他微笑地看着彩虹般的七彩水滴滑落，不知道为什么，甚至包括这微笑，他都想要落泪。他永远也不会知道，她曾经来过。

这是一个有些凄美的故事。爱，隐在深处，默默地付出，从来不考虑回报，为的只是让对方幸福、快乐。这就是爱！真爱，是一种奉献、一种实际行动。爱虽无声，却深深入心。

爱是陪伴

文_厄斯金

托马斯·卡莱尔生于1795年，卒于1881年，是苏格兰散文家和历史学家。他为写作事业倾尽毕生精力，最终成为世界最伟大的作家之一。但他毕竟是个凡人，是凡人就难免要犯错误。

1826年10月17日，卡莱尔和他的秘书简·威尔斯喜结良缘。简出生在一个富裕的医师之家，她聪慧、迷人，就是有时脾气坏点儿。夫妻俩虽然有时会发生争吵和误解，但感情还是不错的。

婚后，简仍做卡莱尔的秘书。几年后，简病了，但仍带病工作。由于卡莱尔全身心地投入写作，便也没有劝阻简。简患的是癌症，虽然病情发展很慢，但最终她还是倒下了。尽管卡莱尔深爱着简，但因一直忙于工作，很少能有时间陪她。

简去世了，亲朋好友都来参加了葬礼。那是个令人悲痛的日子。天下着倾盆大雨，道路泥泞不堪。回到家，卡莱尔的心情异常沉重。他上楼来到简的房间，坐在她床边的椅子上。想到自己很少抽时间陪爱妻，不禁后悔至极，恨不得时间能够倒流。他看到简的一本日记在床头桌上放着，便顺手拿起来看。他震惊了，他看到她这样写道："昨天他陪了我一个小时，我感受到了天堂般的幸福，我真喜欢他总这样。”

他意识到自己忽略了很多。一直以来他都把精力投入到工作中，竟全然不知对于妻子来说自己是多么的重要。他想起了那些埋头工作，置妻子于不顾的日子。翻看着简的日记，几句令他心碎的话映入眼帘，“我一整天都在倾听，期望大厅能传来他的脚步声，但是现在已经很晚了，我想今天他不会来了。”

卡莱尔又读了一会儿，然后扔掉日记本，冲出了房间。朋友们在墓地找到他时，他满脸泥浆，眼睛哭得红肿，泪水还不停地从脸庞滑过，他反复念叨着：“假如当初我知道就好了，假如当初我知道就好了……”但为时已晚，简已永远离他而去。

简死后，卡莱尔很少再尝试去创作了。这位历史学家说，在妻子死后的15年，他的生活完全变了个样，生活对于他来说只是“苦闷、无聊与孤寂”。我把这个故事讲给大家，是希望你们不要重蹈覆辙。爱人是需要我们去努力工作赚钱的，但他们更需要我们的爱。不失时机地去关爱你所爱的人吧。

爱走过风雨

文_基舍

我要讲的是发生在我所在教区的一对夫妇身上的故事。他们的婚姻延续了52年，这本身就是很少见的。3年半前，女人被查出患有卵巢癌。医生们曾3次对她说过化疗有了成效，她已经痊愈了。可是，医生们错了3次。几周前，医生们停止了对她的药物治疗，因为治疗已经不再起作用了。

丈夫的身体状况也不好，在过去5年当中，他一直受到背痛的困扰，有时痛得接连几周都下不来床。

上个星期我接到他打来的电话（我在教堂里做秘书工作）。在电话里他哭了，他希望让所有来教堂的人都知道他的妻子正在医院里，他请求大家为她祈祷。医生告诉他，妻子的时日不多了。电话另一端的我坐在那里，倾听着他的哭泣，试图要弄明白他怎么能关爱并照顾一个人长达52年之久。

之所以选择这对夫妇作为我要讲的爱情故事，是因为当我还是个坐在教堂里做礼拜的小女孩时，他们以及他们那互相给予的伟大的爱就一直留在我的脑海中。每个星期，他们都会来教堂，然后拉着手依偎在一起。在教堂举办的各种仪式中，都会出现他们相依相伴的身影。当妻子虚弱得不能自己进食时，他就会坐在她的身边，喂她吃东西，直到她吃到了他满意的食量。他们都喜欢读书，每周都会从教堂的图书馆里选一本书，在接下来的一周里，俩人便一起看。我在电话里听着他的倾诉，他对自己感到很失望，因为他根本无力一人在家照顾妻子，他说他感到很无助，不能为她做任何事。面对一个即将失去生平所有的人，你又能在电话里对他说些什么呢？

我与他在电话里交谈的那天，他的妻子被送进了医院，并在3天后去世了。她去世的前一天，我的母亲去医院看望她。母亲说他当时正坐在妻子的床边，拉着她的手，为她读书。我觉得他们的恩爱故事是个很伟大的实例，足以证明爱可以经受住任何考验。我知道，这个故事虽然没有一个圆满的结局，但是他们彼此之间的爱却超越了我生活中所经历的任何爱。这是一种经历了52年婚姻的磨炼却历久弥新的爱。这对夫妇互敬互爱、相持相守地走过了他们人生中的风风雨雨，直到生命的尽头。

纸上的爱情

文_安贝·普赖斯

像大多数作家一样，我也不相信一见钟情，直到亲身体验了它的魅力。

事情是这样的，在学校讲完课后，我和几个朋友坐在麦当劳。一个朋友给我们讲了些笑话，我们一边谈论，一边开怀大笑。

就在这时，几个女孩进来了，她们找位子坐了下来。其中一个，穿着鲜红色上衣，脸上洋溢着甜美的微笑，在众人当中，她显得格外与众不同、引人注目。

然后，她们到柜台前点食物时，我才发现她们都有缺陷——不能说话。但我并不认为这是残疾。我走过去，问她的电话号码，当然，她惊讶不已。

虽然她家里没有电话，因为她不能说话，所以没那个必要，但她最终告诉了我地址，还有她的名字——伊莱恩。

几天后，我寄了一封信给她，提出下周六与她约会，我也不知道她会不会接受我的邀请。

我约她在利多影院见面，一起去看电影，我在那儿等了五分钟后，她来了，脸上依旧洋溢着那令我沉醉的甜美的笑容。

电影院放映的是《冰河世纪》，为了方便交流，我需要用到纸和笔。

我问她对我的感觉，她告诉我她很开心，同时又很担心，因为她不知道我对她的爱是出于同情还是发自内心。

从那一刻起，我不断地问自己这个问题，直到一个月后的考试结束了，我才明白，我是真的爱上了她。不是对她残疾的同情，也不是因她的美貌而爱慕，而是我真的爱她……我去了她的家里，这令她很吃惊，我拉着她，跑到她家门前的一个公园里。我看着她，写下自己当时的感受。她又大又黑的眼睛直直地看着我，摄人心魄。

她拿起笔，写下了这句话，“我也爱你，现在我明白，你爱我，不是出于同情，我不会后悔这个决定。”

现在，我们在一起已经有两年了，尽管还没打算结婚，但我从未跟她吵过架，即使在纸上，而我也绝不会那样做……

蹉跎的爱

文_普拉斯

他们相识已有三载，两人都性格内向，羞涩保守。虽然在她面前他对爱只字未提，然而她却能从他羞涩的眼神中读出那浓浓的爱意。她暗示他许多次，鼓励他说出心中的爱，然而他却傻傻地紧闭双唇，不敢将爱说出。时光飞逝，转眼三年过去了，她同另外一个男孩订了婚，然而，直到订婚前夜，她却无法将他的模样从脑海中抹去。

“如果他现在来向我求婚，我仍愿意回到他身边。”在亲朋好友的祝福声中她如是抱怨着。可他仍然没有任何表示，只是迷离的眼神中多了些忧郁。新婚之日终究还是来了，这新婚的喜悦中夹杂着令人遗憾的淡淡忧愁。

“要是他现在开口，我也宁愿放弃一切，选择这份迟来的幸福。”在试穿结婚礼服的时候她仍旧这样想着，但他还是没有任何表示，只是眼神中的忧郁更为浓重了。

50年过去了，两人都已两鬓斑白。最终，她先倒了下去，在她临终之际，他从远方赶回看她。她握紧他的手，把一生的疑虑和期待化为一句话：“请你告诉我，你究竟在等什么？”“我在等你……啊！”他颤抖地说道，这也是他犹豫了一生的期待。“等我什么？”“等你先开口啊！”

最后一封信

文_沃尔特斯

记得我们初次相识时，你好可爱。我们一起玩打仗，之后你骑到了我身上。

我准备下楼时，你就扔爆米花，你躺在地上时，我折回来痛打了你一顿。

再次遇见你是在情人节那天，我有一点儿害羞，不知道说什么好。

还记得我第一次邀请你和你弟弟来我家玩，开始你不想来，怕看到我的父母和兄弟。

你上楼时，我正在玩风信旗。那时我就希望你能这么想——我可以和她玩风信旗吗?

你坐在沙发上调电视频道时，我凝望着你，并希望你没有发现。

接着，我们静了下来，开始玩打仗。在打闹中你咬了我，我也咬了你，然后我们抱住了对方。

还记得初吻时，你在椅子上坐着，我在你面前站着。

然而，时间过得真快，你得走了，我在心里说：“不，不要走！”

后来，在3月3日那天，你请求我做你的女朋友，我答应了，于是我们成了情侣。我希望我们的爱情之路顺利平坦。

我总记得那个星期天的晚上，你着实让我吃了一惊。你对我说：“我爱你。”我问了你很多次，并要你别和我开玩笑了。最后，我还是回应了你，“我也永远爱你。”

两个月后，你说你想离开我了。我对你说不要这样，冷静一下吧。这以后，我们又在一起了，但有时会发生争执。

大约在相识四个月后，我们计划出游一天，也就在那天，我们大吵了一架，之后就无话可说了。

终于，分手的那天到了。你骂我是泼妇，我气急败坏，起身离开。我站在墙后，祈祷着：“上帝啊，别让这段感情就此结束。”

我的眼泪簌簌滑落，你走过来对我说：“亲爱的，对不起，别哭了！”

我们一起回到家，你吻了我，我请你离开。

你交了新的朋友，与她们一同游玩。你不知道我是多么气愤，还有点儿忧伤。

于是，我终于告诉你，我们不再彼此需要了。

你却说让双方冷静一下，先分开一个月。可对我来说，这一个月就如两个月一样漫长。

后来，你给我打电话，说你很想我、爱我，也很需要我。

我们聊了一会儿，我的态度始终很冷淡。你又问我是否愿意回到你身边，我说一切已经无法挽回了。

之后，我写到，我和我深爱的男孩分手了，他走他的阳关道，我过我的独木桥。现在，我仍旧过得很好。

不合身的婚纱带来的称心爱人

文_桑迪·威廉斯·德里弗

我在圣诞节得到了一枚订婚戒指。我和男友相恋快一年了，我们都感觉，到了该用圣洁的结婚仪式把我们融入对方生活的时候了。

整个1月份，我们都为6月份将在阿拉巴马举行的那场完美的婚礼而忙碌。我和妈妈、两个姐妹都去亨茨维尔镇，挑选在我一生中最特殊的时刻里扮演主角的婚纱。这个小镇离家最近，而且有许多婚礼用品店。

我们说笑着共度了上午的美好时光。但到了下午，情况开始变得不妙了：我们仍没买到满意的婚纱。姐妹们都准备放弃了，打算第二天去别的镇上看看，但我还是强拽着她们去了另一家精品店。

步入这个花香弥漫的精致小店，我感觉很惬意。一个中年店员给我看了许多适合我的身材并且价位适中的漂亮婚纱，但没有一件我中意。当我打开门准备离开时，绝望的店主告诉我们，里面还有一件价格不菲的婚纱，虽然不是我要的型号，但是我也许可以看一看。当她把婚纱拿出来时，我惊喜地叫起来。

就要这件！

我冲进试衣间，很快穿上它。虽然它比我的尺码至少大两码，并且比我预想的要贵很多，但我还是说服妈妈买下了它。这家店很小，不提供改衣服务，但是，内心的兴奋让我觉得能在我家的小镇把它改小。

仅有激动是不行的。星期一早晨，裁缝店告诉我，婚纱不能改，因为上面有很多手工缝上去的珠子和小亮片。当时，我都要崩溃了。我打电话给那个小商店征求建议，可是电话那头却传来录音机的声音。

朋友给了我一位女士的电话，她是在家做改衣活儿的，就住在镇郊。绝望中的我什么都想尝试一下，所以我决定打电话给她。

我在镇郊一座简朴的白房子找到她，她认真地打量了一下婚纱，叫我穿上。然后把别针别在婚纱的肩部和两侧，让我两天后来取。这正是我希望听到的答案。

到了该取婚纱的时候，我却疑虑重重。我怎么会这么蠢，把价值1200美元的婚纱放在一个我几乎不认识的人手里？如果她把婚纱改得一塌糊涂该怎么办？我甚至不知道她会不会缝扣子呢！

谢天谢地，我的担心只是杞人忧天。婚纱看起来几乎和原先一样，只是现在很合身了，就像为我量身定做的一样。这位女士也很高兴，我谢过她，给了她适当的小费。

一波才平，一波又起。情人节那天，我的未婚夫给我打来电话。

“桑迪，我暂时不打算结婚了，”他生硬地说，“在安定下来之前，我想去旅行几年，体验一下生活。”

他为取消了所有的结婚计划而向我道歉，然后就很快离开了。我的世界顿时天翻地覆，我很愤怒，也很伤心，不知道该怎么走出这些阴影。但随着时间的沉淀，日复一日，月复一月，我终于挺过来了。

就是那年秋季的一天，当我在超市里排队时，听到有人叫我的名字。我转过身，看到了那位给我改过婚纱的女士。她很有礼貌地问起我的婚礼，得知婚礼取消时，她很震惊，而后她说，或许这样是好事。

我再次谢谢她把我的婚纱改得那么合身，然后对她说，我已经把它收起来了，等有朝一日能穿上，和真正的白马王子携手步进教堂。她眼睛开始发光，向我说起她的单身儿子蒂姆。尽管我对约会一点兴趣都没有，还是被她说动，去见了蒂姆。

我终于在夏天举行了婚礼——就在一年后的夏天。我确实穿上了梦想中的婚纱——站在蒂姆旁边，跟他度过了18年的生活。多亏了那件神奇的婚纱，让我们相遇。

生日夏威夷

文_曼迪

热恋中的我们将维持激动人心的恋情视为对自己的挑战，更重要的是，要有意外的惊喜。

我对那一天仍记忆犹新：那天是我生日。工作了一整天后，我期待着回家与朋友们外出共进晚餐，然后早早上床休息，但是，天哪，我竟遇到了惊喜……

我把车开进家门前的道上时，看到一只大玩具熊在房前的台阶上放着，熊身上系着一张纸条。我微笑着把纸条慢慢打开……上面写着“H”。

打开家门后，我在狗狗那里看到另一张纸条，上面写着“A”。

真想知道他这是做什么。我走上楼梯，进了主人卧室。看到床上满是玫瑰花，上面还放着另一张纸条，这张写着“W”。

我发现床头柜上有一个圆盒子，便迫不及待地把它打开……里面也有一张小纸条，上边写有字母“A”。我笑了，喊着他的名字，心中却依然迷惑不解。

我抑制住兴奋的情绪，进厨房找他或者更多的字母。就像每天下班后所做的那样，我开始为自己泡一杯茶，这时我发现他在前门等着，如往昔一样迷人，脸上洋溢着灿烂的笑容，那暖暖的笑容甚至能将你融化。我听到他问道：“亲爱的，生日过得怎么样？”

我走向他，笑道：“很好，亲爱的。”

他问：“你看到冰箱里的东西了吗？”我笑着马上跑过去看。冰箱门一打开，生日蛋糕上的两个“I”字母就映入我的眼帘。

我转过身，问他：“亲爱的，这是什么意思啊？”

他答道：“把所有的字母拼在一起看，我在外边等你。”

我站在那里将这些字母放在一起：H—A—W—A—I—I（夏威夷）！此时，我才恍然大悟。于是来到门外，看到他站在那里，手上拎着行李箱和一个漂亮的花环，一切都准备好了……奔赴神奇的夏威夷！

生活中的又一个小小惊喜让我度过了欢乐的时光。

在树林里

文_居伊·德·莫泊桑

村长正要坐下来吃早餐，突然有人来，说是乡村警察抓到两个可疑的人，正在办公室里等着他去判决。村长立刻赶往那里，看见霍希多尔老人表情严肃地站在大门前，他的面前，则站着一对中产阶级男女。

那个男的是一个长着红鼻子、白头发的胖老头，看起来非常沮丧。相反，那个女的容光焕发，用一种蔑视的目光注视着抓捕他们的警察。

“这是怎么回事？霍希多尔，说说发生了什么事情？”

这个乡村警察将事情讲述了一遍。

今天早晨，他像往常一样从康比西斯树林到阿金迪尔的边界上巡逻。放眼望去，真是一个美好的天气，灿烂的阳光照耀在这片碧绿的田野上，小麦在快乐地成长，四周没有任何异常情况。这时，正在整理枝藤的老布雷德尔的儿子向他喊道：

“嘿，霍希多尔爷爷，到这个树林边看看。在第一个灌木丛里，你会发现一对调情的鸽子，但是，他们的年龄加起来一定有130多岁了！”

他顺着年轻人所指的方向走去，钻进浓密的树丛里。这时，他就听到一对男女的说话声和喘息声。这让他马上想到一对伤风败俗的狗男女。于是，他趴在地上，就像一位出人意料的潜入者，慢慢地向发出声响的方向移动。最终，当场抓住了这对偷情的男女。

村长非常惊讶地打量着这对疑犯。因为那个男的看上去应该有60多岁了，而那个女的至少也有55岁了。然后，他开始先审问那个男的，而那极其微弱的答话小得几乎听不清楚。

“姓名？”

“尼古拉斯·博文。”

“职业？”

“小商人，在巴黎的烈士街。”

“你们在树林里干什么？”

小商人沉默了，两眼紧盯着他那肥肥的圆肚皮，两只手垂放在两侧。村长继续问道：

“你对地方政府官员所说的情况有什么异议吗？”

“没有，先生。”

“那么，你承认这一切？”

“是的，先生。”

“你还有什么需要辩护的吗？”

“没有，先生。”

“那你在哪里遇见你的同伙的？”

“先生，她是我的妻子。”

“你的妻子？”

“是的，先生。”

“那么……那么，你们不是一起住在巴黎吗？”

“先生，我请求您的宽恕，但我们一直都住在一起。”

“不过，如果真的如你所说，你一定疯了，你们都疯了，我亲爱的先生。上午10点来到这个长满杂草的树林里，做出那种事情，还被当场发现！”

小商人羞愧得眼泪都要流出来了，用极低微的声音说道："是她怂恿我的！而且，我也告诉过她这是一件丢人而又愚蠢的事，但是，你也明白，当一个女人决定要做某件事情时，你根本拦不住！"

村长面带笑容，揶揄着回答道："可是，这件事情你也有责任，如果你能做到拒绝她，这些事情就不会发生了。如果你坚持自己的意见，只让这些想法留在她脑子里，现在你就不会被拘押在这里了，不是吗？"

村长的一席话激起了博文先生的怒气，他转向他的妻子斥责道："你不是说要把我们带到一个诗情画意的地方吗？现在却面临这种尴尬的境地！像我们这个年纪的人，还要因为伤风败俗去面对法庭的审问！如果是这样的结果，商店就不得不关闭，我们又该怎么面对街坊邻居，原来的地方就无法待下去了，后果很可能是这样。"

博文太太站起来，正眼都不看她的丈夫，镇定从容，没有一点的羞愧和不安，她毫不犹豫地解释道：

"村长先生，当然，我知道我们所做的事情是多么荒谬、多么可笑。但是，请允许我像律师那样，或者更恰当地说，是为一位可怜的女人进行自我辩护。在听完我的故事后，希望你能大发善心，让我们回家，并赦免对我们这种不光彩事情的起诉。

"许多年前的一个星期天，那时我还是少女，我与博文先生在这个村庄里认识。他在一家布料店当伙计，我在一家服装店当营业员。到现在，这些事情还清楚地印在我的脑海里，就像昨天才刚刚发生的那样。那时候，每个星期天我基本上都与一个名叫露丝·雷维克的女友来这里玩。我和她都住在比加香街。露丝有男朋友，但我没有。他经常带我们来这里玩。一个周末，露丝的男友笑着对我说，下次他要带一个朋友来。我十分了解他话语中隐含的意思。我装出一种毫不在乎的态度回答：'没有必要，我可以照顾自己的。'先生，说这些话，只是因为我还是比较保守。

“不久，我们在火车站见到了博文先生。那时的他是个非常帅气的小伙子。但是，我没有因此而迁就他，而且之后也没有迁就过他。随后，我们来到贝松。那天天气特别好，让人心旷神怡，就和现在的天气一样好。正是因为今天和那天一样，我才会变得如此愚蠢。当我来到这片美丽的大自然中，就迷失了自我。绿油油的小草，轻快飞舞的燕子，到处散发着青草、罂粟花、雏菊的气息，这一切都让我着迷、疯狂。就像是一位滴酒不沾的姑娘，突然喝下了整瓶的香槟。

“天气真的太好了，风和日丽，晴空万里。当两人看着对方时，好像可以看透对方的一切，甚至呼吸一下，就可以看见对方的心房。每隔几分钟，露丝和西蒙就要拥抱亲吻一下，这让我感觉怪异。博文先生和我就在他们的后面走着，因为彼此都不了解，没有什么话题可聊。他看起来比较拘谨，而我正喜欢看他尴尬的表情，非常有趣。最后，我们来到一片小树林里，一种凉爽的感觉笼罩全身，就像冲凉一样。我们四个人坐下来。露丝和她男朋友取笑我，因为我的表情相当严肃。但是，你要理解我不可能像他们俩那样。然后，他们又开始接吻、拥抱，当我们两个人不存在一样，毫无顾虑。后来，他们窃窃私语，然后站起来，没留一句话，就到树林中去了。设想一下我当时要面临的情形，单独与一个第一次见面的男青年在一起。他们离开后，我有点不知所措，可是这让我有勇气和他讲话。我问了他的工作，和我前面提及的一样，他说他是个亚麻布店的伙计。我们就这样闲聊了几分钟，然而，这反而让他的胆子更大了，竟然将我当成随便的人。我非常严肃地告诉他，于是他回到了自己原来的位置。博文先生，我所说的都是真的吧？”

有些迷糊的博文先生一直盯着自己的脚尖，默不作答。她继续说道：“这时，他发现我是一个自重的女孩，便以令人尊重的方式追求我。从那天起，每逢星期天他就会过来，因为他已经陷入爱的泥潭中，无法自拔，而我也深深爱上了他。说实话，当时他的确拥有令人着迷的面孔。简而言之，第二年的9月，我们就结婚了。婚后，我们在烈士街上开了一家店铺。

“前些年，我们的日子过得非常艰辛。生意不景气，我们也无法支付郊游的费用。就这样，我们也慢慢地没有了那份激情。头脑中被各种事情塞得满满的，思考的第一件事情就是钱柜，而不是甜言蜜语。不知不觉，我们老了，成了循规蹈矩的人，也不去思考什么是爱情。只要感觉不到有什么缺失，我们就不会去想。

“先生，现在，我们的生意越来越好了，能够平静地面对未来。之后，我也不确定为什么脑子里会有这样的想法，应该说，我是完全不知道为什么，我像寄宿学校的女学生一样，整日想入非非。只要一看见大街上载满鲜花的小卡车，我就会泪流满面。当我坐在收银台背后的安乐椅上，紫罗兰的芬芳让我的心怦怦乱跳。接着，我慢慢站起来，走到门前，瞭望着屋脊间蔚蓝的天空。当在街心观看天空时，天空宛如一条河流，蜿蜒地流经巴黎。空中的燕子就像河里游来游去的鱼。当然，我也知道这个年龄的人有这样的遐想是一件多么可笑的事情！但是，先生，一个工作了一辈子的人，该怎样抑制这样的渴望呢？有时我感觉到很后悔，自己分明可以不这么过日子，想一想，这二十年里我原本可以和其他女人一样，来到这个树林里，并与爱人亲吻。我过去经常幻想和爱人躺在绿树丛林中，这是一件多么浪漫、多么美妙的事情啊！这个想法在我的头脑里，整日整夜挥之不去。我还梦想着水面上的月光，甚至想跳下去淹死自己。

“最初，我还不敢对博文先生吐露这些想法。我知道他会取笑我，并且会劝我静下心来去推销线团和缝衣针。另外，说实话，虽然博文先生从不多说什么，不过，当我看到镜子中的自己时，也非常清楚，自己对任何人都不再有吸引力了。

“最终，我下定决心，提出到我们第一次相识的乡间郊游。他也毫不犹豫地同意了。今天早上，我们大约9点来到这里。

“当我穿越一望无垠的麦田时，我感觉自己再次回到了年轻的时候，因为女人的心是从来不会变老的。实际上，我感觉身边的丈夫突然变回当年那个英俊倜傥的小伙子。我向你发誓，先生。当我站在那里时，我就开始疯狂了。我开始亲吻他，他却感到极为震惊，仿佛我要杀了他似的。他不停地说道：‘你疯了！你怎么大清早就发疯了！你怎么了？’这些话我一句也没听进去，我只听从我自己的内心。然后，我将他拖进树林里。事情就是这样，亲爱的村长先生，我说的每一句话都是实话。”

村长也是个通情达理的人。他从椅子里站起来，微笑着说道：“你们安心回巴黎吧，太太！可是，下次你们拜访这个树林时，可要谨慎些，找个更隐蔽的地方……”

一小时的故事

文_凯特·肖邦

他们都知道路易丝·马拉德的心脏不好，所以尽量语气委婉、吞吞吐吐地把这个噩耗告诉她。她的丈夫，布伦特里，死了。

“路易丝，刚才有列火车出事了。”姐姐约瑟芬说道。理查兹带来了这个不幸的消息，但还得约瑟芬告诉她，她说得断断续续的。

“理查兹……在报社工作，有消息说出车祸了。路易丝……路易丝，遇难者的名单里有布伦特里的名字。布伦特里……死了，路易丝。”

听说丈夫死了，路易丝表现得不像其他女人那样冷静。面对悲伤，心中的积郁自然无法掩饰，如同暴雨突袭，泪水夺眶而出。她倒在姐姐怀里号啕大哭起来。然后，又突然地雨过天晴。她独自回到房间，她要单独待会儿。

窗前摆着一把椅子，她坐下来，望着窗外。痛哭过后，她筋疲力尽，全身冰凉，身心俱寂。

窗外的绿树，映入她的眼帘。空气如春雨般清新，远处的歌声飘至耳畔。房子周围，鸟儿轻吟，白云映着蓝天，她安静下来。

她静静地坐着，眼里仍有几滴软弱的泪落下。她年轻而坚强，但此时，她的眼睛毫无神采。她望着蓝天，万念俱灰，只是静静地等待着。

有东西正靠近她。她恐惧地等待着，是什么呢？无从知晓，也无以言说。但她似乎觉得它正从空中走来，她觉察到它的声音、气味，还有空气的颜色，她感觉到它正向她靠近。

她慢慢地兴奋起来，呼吸加快、心跳加速。渐渐地，她看清了。它要找到她，并带走她。她挣扎着，要摆脱它，但她不能。她意念薄弱，如同她那双苍白无力的小手一样。于是，她停止了挣扎，一个简短的词语夺口而出。

“自由，”她说，“自由，自由，自由！”空虚和恐惧俱无，她神色激动、心跳加快、血压上升。突如其来的愉悦使她异常兴奋。

她没有静下心来自问这快乐究竟是对还是错，她清晰地看到了自由之国。她无法停下来去思考那些更为琐碎的事情。

她知道，当看到丈夫遗体时，她会再次流泪。那双手，曾经是那样温柔，如今已冰冷僵硬；那张脸，曾经满含深情，如今已呆板灰暗。但她看到了未来，她看到未来的岁月将是她一人的。现在，她要敞开胸怀，迎接未来。

以后的岁月里，她活着不再为他人，而为自己，再也不会有人把意志强加于她。夫妻双方总以为能彼此告诉对方该做什么，该如何思考。路易丝忽然明白了，这只是自己的想法，而且是错上加错。她可以摆脱它，再也不受控于它。

但是，至少，她爱他——只是有时。大部分时间里，她并不爱他。爱究竟是什么呢？现在她明白，自由比爱更伟大。

“自由，精神上和肉体上的自由！”她再次说道。

这时，姐姐约瑟芬在房间门口等着。

“开门，”约瑟芬喊道，“你会把自己折腾出病的。路易丝，你想干什么？求求你，给我开门！”

“走开，我没病。”是的，此时，她正透过那扇敞开的窗户，深吸着生命之气。

她畅想着未来的日子，内心无比快乐。春花，秋月……所有的日子都将是自己的了。她开始盼望生命变长，而昨天，生命似乎还是那样悠长。

过了一会儿，她起身打开房门。

只见她目光炯炯有神，面颊红润。至于自己看起来是如何坚定有力，神采飞扬——快乐充溢着她，她不知道。她和约瑟芬走下楼，理查兹正在楼下等她们。

门开了，进来一个男人，正是布伦特里。他手拿手提箱和雨伞，一副风尘仆仆，筋疲力尽的样子。他没有在车祸中遇难，甚至，根本不知道有一列火车出事了。约瑟芬突然大叫起来，这让他感到很意外。他更不明白的是，理查兹为什么会迅速地把他和路易丝隔开，不让她看到自己。

然而，太晚了。

医生们来了，他们说，路易丝死于心脏病，因为兴奋过度。

恍然回首，往事如昔

重生的领悟

文_拉尔夫·里士满

就在十年前，我与拿着听诊器的医生相对而坐。他说：“你的左肺叶上部有一处坏损，病情正在恶化……”听到这些，我顿时愣住了。他接着说道：“你必须放下工作，卧床休息。稍后，我们会对你进行进一步的观察……”对于我的病情，医生也不是很有把握。

事业正值中天的我突然感觉像被判了刑，而刑期却尚未确定。我走出医生的办公室，坐在公园的长椅上，我告诉自己，这也许是最后一次了，我需要好好想一想。

接下来的三天里，我处理完手上所有的事务，然后回到家，躺在床上，将手表的显示从分钟改为月份。

之后两年半的时间里，我经历了无数次失望的打击，最终离开病榻，开始缓慢地恢复原来的生活状态。第二年，我成功了。

提及这段经历，是因为过去这段漫长的岁月让我懂得了什么值得珍惜，什么值得信仰。它们告诉我：好好把握时间，而不要让时间支配你。

如今我意识到，我所生存的这个世界并不是等待我去打开的贝壳，而是需要我去把握的机遇。对我而言，每一天都是稀世珍宝。太阳每次升起，都会带给我崭新而精彩的24小时——我绝不能虚度。我学会了去欣赏生活细节的美好，比如水面的粼粼波光，松间风儿的轻吟——这些重要的生活细节我从前竟无暇理会。

如今，我的所见、所闻、所感总会带给我一种清新的感觉，让我仿佛回到了童年。当我离开病榻，双脚再次踏上大地时，那松软的土壤带给我的美好感觉令我激动不已。那种感觉就像重新获得了差点失之交臂的世界。

我常常会惬意地坐着，告诉自己：要珍惜现在的每一分每一秒。因为此刻的我健康、快乐，并在为自己最喜爱的工作而努力奋斗。然而这些美好终会消逝，因此，我要加倍珍惜这存在的每一刻。等它消逝后，我会记住这些美好，并心存感激。

在生命边缘徘徊的那些漫长岁月，让我明白了这一切。而智者不必经历这样的艰难也能意识到这些——但从前的我实在是愚钝。如今，我多了几分聪慧，也多了几分快乐。

“时刻铭记，最后再看一眼那些可爱的事物！”英国诗人沃尔特·德拉·梅尔的这句话正好阐述了我人生的哲学与信仰。尽管人类现在总试图毁灭这个世界，但上帝创造了它，创造了这个美丽而奇妙的家园，并赋予了它超乎我们想象的美好。因此，我告诉自己：这些美丽与精彩难道不值得我去细细体味，我不应为世间的美好奉献出自己微薄的力量吗？难道我不应心存感激？的确，我相信，我应该这么做。

金丝雀

文_凯瑟琳·曼斯菲尔德

……你看到前门右侧的大钉子了么？直到现在，我仍不能看它，也不忍拔掉。我希望它一直都在那里，甚至在我过世之后。有时，我听到附近的人说："那里肯定挂着一只鸟笼。"这句话给了我一丝安慰。我感觉它并没有完全被遗忘。

……你无法想象它的歌唱得多么美妙。它不同于其他金丝雀的声音。这不仅仅是我一个人的迷恋。通常，我从窗外看到人们在门前驻足聆听，或是长久地俯在山梅花边的栅栏上……我想这些在你听来都是荒谬的……但如果你听过它的歌唱，便不会这样认为了……我真的觉得它唱了完整的歌曲，有头有尾。

比如，下午打扫完房子之后，我换上宽松的上衣，拿着针线走上阳台，它常常跳啊、跳啊，从一根栖木跳到另一根，敲打着像是要引起我的注意，就如同专业歌唱家那样，啜一点水，然后放开嗓子歌唱，歌声如此优美，我不得不放下手里的针线活听它歌唱。我无法形容这种歌声。我希望我能描绘。每一次都是如此，每个下午，我感觉自己理解它的每一个音符。

……我热爱它。我是多么喜爱它啊！或许人们喜欢世间的什么内容并不重要，但是一个人必须有某种喜爱之情！当然，我喜爱我的小屋和花园，但因为某种原因，总觉得它们还不够。花儿解意，却无法共鸣。我喜爱夜晚的星星，听起来可笑吧？我过去常常在日落之后到后院，等待星星在幽暗的枫树上闪耀。我常常悄声说："你终于来了，亲爱的。"就在那一刻，我觉得它是在为我一个人而闪耀。它似乎理解……渴望某件东西，然而又不是渴望；或者是后悔——这更像是后悔。后悔什么呢？我有太多的感恩！

……当它来到我的生活中，我便忘记了夜晚的星星，我再也不需要星星了。很奇怪，当那个中国人拎着小鸟笼来到我家门前售卖的时候，它不像其他可怜的小金丝雀那样焦躁地拍打翅膀，而是发出了微弱的叽喳声。我听见自己说，正如我告诉枫树上的星星一样，"原来你在这里啊，亲爱的"。从那一刻起，它便是我的了。

……直到现在想起它和我如何分享彼此的生活，我仍感惊奇。早上下楼，揭开他的鸟笼罩布时，它昏昏欲睡地轻声向我问好。我知道它在说"太太！太太！"。在给三个年轻人做早餐的时候，我就将它挂在外面的钉子上，等只剩下我们俩的时候，才带它进屋。洗刷完毕后，我获得片刻清闲，在桌子的一角铺开报纸，将鸟笼放在报纸上，它常常绝望地用翅膀拍打报纸，似乎不知道将会发生什么。"你真是一个小演员。"我常常责骂道。我刷干净盘子，换上新鲜的沙子，在食槽里放满食物，水罐里倒满水，在鸟笼里塞进一片繁缕和半个红辣椒。我完全确信它懂得并感激每一个行为。你能看到它天生就非常爱整洁。在它的栖木上，从来没有一个污点，仅看它非常享受洗澡这一过程，就能知道它对于干净的确有些疯狂。最后，给它洗澡。它主动跳进水里，先打湿一边翅膀，然后是另一边，然后将头浸入水中，将胸前的羽毛弄湿。水溅满了厨房，但它还是不愿意出去。我常对它说："够了。你就是炫耀。"终于它跳了出来，单脚站立，开始将自己啄干。它摆了摆身子，弹了弹羽毛，叽喳叫了一声，提了提嗓子……噢，我无法忍受回忆这些了。我那时总在清洗刀子，似乎当我在板上磨刀的时候，那些刀子也在唱歌，你瞧，伴侣便是它这样的。完美的伴侣。如果你单独生活过，你就能意识到这是多么珍贵。当然，我的三位年轻人每晚都会过来吃晚餐，有时他们在饭后会待在餐厅看看报纸。但是，我不希望他们对那些我生活中的小东西感兴趣。他们为什么要感兴趣呢？对于他们，我什么也不是。事实上，一天晚上，我在楼梯上偷听到他们说我像个稻草人。没关系。不要紧。一点都没关系。我非常理解。他们还年轻。我为什么要在意呢？但让我觉得非常感恩的是，那晚我并不是那么孤单。三个年轻人走后，我告诉它。我说："你知道他们怎么称呼太太吗？"它头歪向一边，小而亮的眼睛盯着我看，直到我忍不住笑出来。似乎它也被逗笑了。

……你养过鸟吗？如果没有，这些事情在你听来一定是言过其实。人们认为鸟儿是没有感情的、冷血的小动物，不像狗或者猫那样。帮我洗衣服的女佣对我为什么不养"漂亮的宠物狗"而感到奇怪，每个星期一，她都会说"夫人，金丝雀不能给你安慰"。不对！绝对错误！我记得有一天晚上，我做了一个非常奇怪的梦……梦里非常痛苦……甚至醒过来之后都没有恢复过来。所以我穿上睡袍，来到厨房喝了杯水。那是一个冬天的夜晚，雨下得很大。我处在半睡半醒之间，但通过厨房的窗户，我觉得似乎黑暗在窥视着屋内。突然，我觉得无法忍受了，也不能对谁说"我刚做了一个可怕的梦"或者……"藏起我，不要让黑暗看到我"。甚至有一分钟我蒙住了脸。这时传来一声"宝贝！宝贝！"，它的笼子在桌子上，罩布滑掉了，所以有一丝光照进去。"宝贝！宝贝！"亲爱的小家伙又温柔地叫道，似乎在说"我在这里，夫人，我在这里！"如此安慰人心，我差点掉下眼泪。

……现在它走了。我将不会再养其他的鸟，再不会养任何种类的宠物。我怎么能这样呢？当我发现它，平躺着，眼光微弱，爪子扭在一起，我意识到我再也不能听见它的歌唱，似乎在我的内心有些东西已经死去了。我的内心感觉空虚，就像它的笼子。当然我会恢复的。我一定会恢复的。随着时间流逝，每个人都能从任何事情中走出来。人们常说我有欢快的性情。他们说得很对。感谢上帝，我有这样的性情。

……一切照旧，没有疾病或念念不忘。但我必须承认，生活中似乎有一些悲伤的东西。很难说悲伤的事到底是什么。我不是说我们大家都知道的痛苦，比如疾病、贫穷或者死亡。不，是不同的事情。它就在那里，内心深处，成为你必不可少的一部分，就像呼吸一样。无论我如何操劳，如何筋疲力尽，我一停下来就知道它在那里，等着我。我常常想知道是否每个人都有这样的感觉。无从了解。但是在它甜美欢快的歌唱中，就有这种悲伤，难道不是很奇怪吗？……啊，是怎么回事？……我听到了。

一座好谷仓

文_雅各布

昔日的友情逐渐淡漠，曾经的亲密无间，如今只有剑拔弩张了。现在，强烈的自尊心让我无法拿起电话。

后来，有一天，我去拜访另一位老朋友，他做了多年的外交官和法律顾问，他的书房里堆放着上千本书籍。我们坐在那里无话不谈，从小型计算机聊到了贝多芬历经磨难的一生。

最后，话题又转到友谊上，谈到现在的友情似乎很容易变质，我举例提到了自己的经历。朋友说："关系是神秘的，有些能耐久，有些却易破裂。"

他凝视着窗外那郁郁葱葱的弗蒙特山丘，指着附近的一个农场说道："那儿曾是一个大谷仓。"我看到，在一栋红木屋旁，有一个庞大建筑物的地基。

"它是一座坚固的建筑物，大概建于19世纪70年代。因为人们往中西部更富饶的地区迁移，它就像这儿的许多建筑物一样，慢慢地塌陷了。这个谷仓无人照管，仓顶需要维修了，雨水流到屋檐下，渗进柱子和横梁里。

"有一天，刮起了大风，整个谷仓开始摇晃起来，刚开始，你能听到那种吱吱的响声，就像古老的木制帆船所发出来的声音，然后是一连串刺耳的断裂声，紧接着是巨大的轰鸣声，转眼间，它就成了一堆碎裂的木头了。

“暴风雨过后，我下山去看，发现这些漂亮的老橡木还是那么结实。我问当时谷仓的主人是怎么回事。他说，估计是雨水渗进了木钉孔里，而正是这些木钉使它们结合在一起的。这些钉子一旦腐烂，巨大的横梁就没法连接了。”

我们向山下望去，昔日的谷仓如今就只剩下一个地窖口和一堆丁香灌木丛了。

我的朋友说，他反复琢磨这件事，终于认识到，建造谷仓和建立友谊之间有些相似之处：不论你是多么强大，不论你的成就多么辉煌，只有在与他人交往的过程中，你才有长久的价值。

“要创造健全的生活，就应该为他人服务，同时发挥自身的潜能。”他说，“必须记住，没有他人的支持，不论你的力量多么强大，也不可能持久。孤身挺进，势必栽跟头。”

“关系就像谷仓顶一样，需要精心维护。”他补充道，“不通信，不表示感谢，就会有损于彼此间的信任，使争执得不到解决。所有这些行为就像雨水渗进钉子眼里，削弱了横梁之间的连接力。”

朋友摇了摇头，说：“这是一座好谷仓，只要好好维护，不需要花多少精力就能保存下来。而现在，也许再也不能重建了。”

黄昏时分，我准备离开了。“你不想借用一下我的电话吗？”他说。

“是的，”我说，“我想，我非常希望。”

人生的峰顶

文_赫伯特

“你总能在峰顶处看到美丽的天空，但在抵达峰顶前你是看不到的。”

每当太阳快下山时，我和父亲总会去爬我家附近的那座山。我们经常在爬山时聊起许多话题。父亲的经验之谈，让我受益匪浅。他总是鼓励我：“你要有山一般坚定的目标和宽阔的胸怀。”

这些话对我的人生产生了深刻的影响。父亲总是很忙，要不是我们都喜欢爬山，我们不可能有很多时间待在一起。我坚信爬山的确很有好处——它让我有了与父亲畅谈和独自沉思的时间，同时也培养了我的耐性。我爱爬山，它可以使我远离城市的嘈杂和污染，呼吸新鲜的空气。

一次，我们爬一座很高的山。对我来说，那简直是一个巨大的挑战，因为那时我只有10岁。开始的几个小时，我还享受着清新的空气，聆听着鸟儿的欢叫，欣赏着蝴蝶的翩翩起舞。慢慢地，我的双腿酸疼起来。在那个时刻，我非常讨厌爬山，甚至想放弃。这时父亲对我说：“春天是万物复苏的季节。此刻，山峦和田野被鲜花和树木装扮。你总能在峰顶处看到美丽的天空，但在抵达峰顶前你是看不到的。在山顶，你总能欣赏到众多瀑布、山峰和峡谷的美景，但这一切在半山腰却看不到。只有在山顶，你才有幸饱览这一切，如同生活中一样。”

那时，我还小，无法理解他的话，但这些话使我充满了希望和信心。我终于爬到了顶峰。放眼望去，我看见整个天空如水晶般澄澈。

幸福最好

文_米兰达

我们努力想让子女生活得更好，最终却事与愿违。对我的孙儿们，我知道怎么做才会更好。

我很想让他们知道，兄长传给我的旧衣服，小时候吃过的家里自制的冰淇淋，以及吃剩的肉糕。我的确很想讲给他们听。

我的宝贝孙子，我希望你在遭遇失败后懂得谦逊，也希望你能诚实，即使没有人注意你。

我希望你能学会整理床铺，修剪草坪，清洗汽车，也希望当你满16岁时，没有人送你新轿车。

我希望你能有幸目睹一次牛犊出生的过程，或者在你不得不为老狗送终时有朋友陪伴。

我希望你能为自己的信仰与别人打得鼻青脸肿。

我希望你能和弟弟分享同一间卧室——即使你在卧室中间画一条分界线也

无所谓。当弟弟因为害怕要钻进你的被窝时，我希望你能收留他。

还有，当你要去看迪斯尼电影，而弟弟想跟你一起去时，我希望你能带上他。

我希望你能与朋友们一起爬山，如果这项运动在你生活的城市没有任何危险。

如果你想要一把弹弓，我希望你父亲能教你自己制作，而不是给你买把现成的。我还希望你学会挖泥巴和读书；而当你学会使用电脑时，也应该学会加减法的心算。

我希望吸烟的人在你面前吞云吐雾时，你会感到厌烦。我不介意你喝一次啤酒，但我希望你不会喜欢上它。如果有朋友请你吸含大麻的香烟或其他毒品，我希望你能清醒地认识到他并不是你的朋友。

我当然希望你能抽时间陪爷爷坐在门廊上聊天，或陪叔叔钓鱼。

如果你把棒球扔到邻居的窗户上，我希望你的母亲会责罚你。如果你把以自己的手为原型做成的石膏模型送给母亲，我希望她会拥抱你、亲吻你。

我希望你能饱尝岁月的艰辛、挫折与失望，并希望你努力工作，幸福快乐。

生活故事之感悟

文_比尔斯

有时候，一些人走进你的生活，你会觉察出，他们是出于某种特定目的：给你一个教训，帮你认清自己以及自己想成为怎样的人。你永远不知道这些人是谁（可能是你的室友、邻居、同事、久违的朋友、爱人，甚至是一个素未谋面的陌生人）。一旦你开始关注他们，很快便会发现，他们影响了你的生活，而且往往很深刻。

有时，发生在你身上的事情看似可怕、痛苦或不公平，但细细思量之后，你会发现，如果没有克服这些障碍，你就永远不可能认识到自己的潜力、能力、毅力，或者真实的内心世界。世事皆非出于偶然。疾病、伤痛、爱情，以及辉煌的成就和彻底的失败，这一切都是对你精神极限的考验。不论它们以何种方式出现，没有这些细微的考验，生活会如一条平坦笔直的大道，无止境地延伸下去，也许安逸舒适，但却枯燥乏味，毫无意义。

你遇到影响你生活的人，你所经历的成功和失败，都有助于塑造和成就你。那些不幸的遭遇甚至也能让你有所领悟，事实上，这也可能是最深刻、最重要的。如果有人伤害了你，出卖了你，或者伤透了你的心，原谅他们吧，因为他们让你明白：敞开心扉时保持警惕，这和真诚待人同样重要。如果有人爱你，那么无条件地去爱他们吧，不只是因为他们爱你，更因为在某种意义上，他们教会你去爱，教会你如何敞开心扉，打开心扉去看世间万物。让每天都意义非凡吧，珍惜每一刻，并充分感受它带来的一切，因为你可能不会再经历一次。与从未交谈过的人聊天，并认真聆听。让自己坠入爱河，并跳出情网的束缚，昂首向前，放开眼吧，你完全有权利这么做。告诉自己，你是一个很杰出的人，并相信自己。因为如果连你都不相信自己，别人将更难相信你。

你可以随心所欲地享受生活，创造属于你自己的生活方式，并无怨无悔。最为重要的是，如果你爱上了谁，就告诉他或她，因为你不知道明天会发生什么。

别浪费你宝贵的时间

文_洛里默

最近，我前往当地一家医院的住院部看望一个朋友。

当我和比尔一起聊天时，一位先生走进房间。比尔看到他，便开始哭泣，那位先生也跟着哭了起来。那位先生还弯下腰来拥抱床上的比尔。过了一会儿，那位名叫肯的先生告诉我："他是我哥哥，我们已经有25年没说过话了。"

他的话让我大吃一惊，我说："你是在开玩笑吧？"

"不，我们曾经为了一笔财产发生过争执，从那以后，我们就再没来往过。"肯回答。

比尔说："肯，你还没看到过我的孩子。"

接着，比尔将他的孩子们挨个儿介绍给他们的叔叔。我离开关怀病区时感慨万分：我们不肯宽恕别人是多么不应该。生命匆匆，要想把所有丢失的时间全都补上，是非常困难的。

这次经历让我开始思考宽恕的力量，思量着我们对宽恕的迫切需求。的确，当他人的言语或行为让我们受到伤害的时候，我们会觉得受了伤。可是，我们需要跨越伤害，去疗伤止痛，而宽恕则是治愈伤痛的良药。

我愿意把宽恕当成一种勇敢的选择。宽恕清除了生活中的怨恨、苦难、愤怒、憎恶和复仇。我们应该自我反省："我情愿把宝贵的时间和精力浪费在这些令人厌恶的情绪上吗？"

对过去的事仍然耿耿于怀，只会影响我们与爱人、父母、孩子、兄弟姐妹或者朋友的关系，而不会帮助我们增进感情，重归于好。

多数情况下，宽恕并不是为了对方，而是为了我们大家。让过去随风而去，重新开始我们的生活。

有一天，我的朋友查理来看我，那时正有一个问题困扰着他。他为父亲的离去愤怒不已。他说："就在我刚要把他当成伙伴、朋友时，他却走了。我们曾经一起去钓鱼，一起打猎，一起打高尔夫球。而现在，一切都不复存在了。"

我对他说："你和你的父亲还有一件事没有完成，去告诉他吧。"

"但他已经去世了。"查理说，"我应该怎样告诉他呢？"

我回答道："开车去墓地，向他倾诉你是多么气愤。"他满脸疑惑地离开了我。

两个星期过去了，查理跑来对我说："我感觉好多了。我开车到了墓地，站在他的墓前发泄了我的怒火。接着，我闭上眼睛，想象着父亲可能会对我说的话。天哪，我从未想过那些愤怒藏在心里，会对一个人造成多么大的影响。"

宽恕可以把康复、自由与和平再一次带回到我们的生活中来。曾经发生过的事，给我们带来一个全新的视角。它召唤着我们推倒高墙，停止沉默，终结冷战。

利用今天的机会去开启那扇关闭了许久的门吧！要宽恕，让过去随风而逝。忘记过去，看看你是否觉得心情舒畅。

试一试吧，这种方法很有效。

从不说做不到

文_艾灵顿

儿子乔伊出生时，是畸形足。医生很确定地说，小乔伊经过治疗，像正常人一样走路是没问题的，但是像正常人一样跑步几乎是不可能的。乔伊三岁前一直与支架和石膏模子形影不离，从未间断过治疗。八岁时，他走路的样子已趋于正常，几乎看不出他的腿曾有过毛病。

邻居家的孩子们总是追逐嬉戏，小乔伊也会跑去和他们一起玩。我们从未告诉过他不能像其他孩子那样跑，我们也从未告诉他与别的孩子有什么不一样。所以，他也一直不知道这些。

七年级时，乔伊决定参加越野队。每天他都要和大家一起接受训练，比任何人都卖力，或许是因为他意识到自己天生没有运动的天赋。训练成绩在前七名的选手有资格参加最后的比赛，有机会为学校争得荣誉。我没告诉他，他很可能不会胜出，对此他全然不知。

他每天坚持跑四五英里，即使是发着高烧，也从不耽误。那次，我很担心，便在放学时去学校看他。我发现他独自在跑步。我问他感觉如何。“很好啊！”他说。还剩两英里了，他满头大汗，因为发烧，眼神也失去了往日的光彩，然而他全神贯注地坚持跑步。我们从未告诉他，发着高烧不可以跑四英里的路。我们没告诉他，他对此也全然不知。

两周后，入围队员的名单确定下来了。乔伊名列第六名。他入选了！只有他是七年级学生，而另六名队员都是八年级的。我们从没有告诉他，不要对入选抱有过高的期望，我们也从没有对他说过他不能做这，不能做那……所以，他一直认为自己什么都可以做到，他也确实做到了！

当你徘徊在人生路口

文_约翰·罗斯金

在新年之夜，一位上了年纪的人伫立在窗前。他抬起充满哀伤的眼睛，仰望着深蓝色的天空，星星在那里游移着，如同朵朵百合散落在清澈而平静的湖面上。接着，他把目光投向地面，看到几个比他更加绝望的人正走向他们的终点——坟墓。在通往人生终点的道路上，他已经走过了六十个驿站，除了过失和悔恨之外，他一无所获。现在，他健康欠佳，精神空虚，心情忧郁，缺少晚年应有的舒适和安逸。

年轻的时光如梦幻般浮现在他眼前，他回想起父亲将他放在人生道路的入口处时那个关键的时刻。当时，摆在他面前的有两条道路：一条通向和平宁静、阳光灿烂的地方，那里充满花果，回荡着柔和甜美的歌声；另一条则通向黑暗无底的深渊，那里流淌着毒汁而非清水，恶魔肆虐，毒蛇横行。

他仰望着天空，痛苦地叫喊："啊，青春，请回来吧！啊，父亲，请把我重新放到人生道路的起点上吧，我将会做出更好的选择。"然而，父亲和他的青春都已离他远去。

他看着灯光被黑暗吞没，那就是他虚度的时光；他看见一颗星星从空中陨落、消逝，那正是他自身的写照。悔恨如同利箭深深刺进他的心脏。然后，他回想起儿时的朋友，他们曾与他一同踏上人生的旅程，现在已走在成功的道路上，受到人们的尊敬，此时正沉浸在欢度新年的幸福中。

教堂高塔上的钟声敲响了，这让他回忆起父母早年对他的爱，他们曾给予他谆谆教诲，曾为他的幸福向上帝祈祷。但他偏偏选择人生的歧途。羞愧和忧伤使他再也不敢正视他父亲所在的天堂。他双眼无神，饱含着泪水，在绝望中，他奋力高喊："回来吧，我那逝去的岁月！回来吧！"

他的青春真的回来了，因为上面所发生的一切只不过是他在新年所做的一场梦。他依然年轻，当然，他也曾真的犯过错误，但还不至于堕入黑暗的深渊，他仍然可以自由地走在通向宁静和光明的道路上。

正在人生路口徘徊，正在犹豫是否要选择光明大道的年轻人啊，你们一定要记住：当你青春已逝，在黑暗的群山中举步维艰、跌跌撞撞的时候，你才会痛心疾首、徒劳无功地呼喊："啊，回来吧，青春！啊，把美好的年华还给我吧！"

我一辈子的老师

文_里尔克

惠特森先生教六年级自然科学。第一天上课时，他给我们讲了一种叫卡蒂万波斯的动物。这种动物夜间活动，在冰河时期，因不适应自然环境而灭绝了。他边说，边递过一个头颅让我们传看。我们做了笔记，而后进行了测试。

试卷发下来时，我震惊了，我的每个答案后面都打了一个大大的红“X”，我没及格。一定是弄错了！我写的明明都是惠特森先生讲的。

后来，我发现班上同学都没及格。怎么回事呢？很简单，惠特森先生解释说，所有这些有关卡蒂万波斯的事都是他编造的。这种动物根本就不存在。我们笔记本上记录的当然是错误的。错误的答案难道还想得分吗？

不必说，我们都很愤怒。这是什么测试，什么老师呀？

我们应该想到这一点，惠特森先生说，毕竟，在他拿出卡蒂万波斯的颅骨（实际上是猫的颅骨）让我们传看时，不是说这种动物一点儿遗迹都没留下吗？他描绘了它夜间惊人的视觉，皮毛的颜色，和他不可能知道的许多情况。他还给这只动物取了个可笑的名字，我们仍未察觉。他说，我们测试的零分会记在记分册上，他真的这样做了。

惠特森先生说，他希望我们从这件事中汲取教训：老师和书本并不一定绝对正确。事实上，谁都不可能绝对正确。他让我们开动脑筋，认为他或书本错了，就大胆说出来。

惠特森先生的每堂课都像是一次历险记，他的几堂自然科学课我现在仍记忆犹新。一天，他对我们说，他的大众汽车是一种有生命的生物体。我们花了整整两天的时间，组织他认为可以接受的材料进行反驳，直到我们证明自己不仅懂得什么是生物体，还能不屈不挠地坚持真理时，他才善罢甘休。

我们持怀疑的态度走入课堂，这给其他老师带来了许多麻烦，他们不习惯受到这样的质疑。历史老师讲课时，下面就会有同学故意咳嗽，然后有人说："卡蒂万波斯。"

如果有人问我如何解决学校面临的危机时，那就是惠特森先生的教学方法。我没有任何伟大的科学发现，但是惠特森先生的课给了我和同学们一个重要启示：我们要正视别人的眼睛，勇敢地告诉他们，他们错了。他也同样指出我们的不足，这会获得无穷的乐趣。

去伪存真

文_卡森

萨拉跑进屋来，喊道："看，我发现了什么。"我正读着报纸，突然上方冒出一条长长的皱巴巴的看起来好像要碎了的东西。我立刻吓得跳了起来。那是一张蛇皮，是我们花园中的一条蛇蜕下来的。

"它不漂亮吗？"我眼睛大大的七岁女儿问道。

我盯着那条蛇皮，心里想它真的称不上漂亮。但我明白，永远不能对孩子显露出自己的冷淡或厌烦。他们第一次看到的每件事物，对于培养他们的美感和创造性都很重要。在接受社会教育之前，他们的眼里只有美好和优秀。

萨拉问："蛇为什么要蜕皮？"生来就具有喜剧天分的罗伯特说："我们花园里有一条光着身子的蛇。"

我也尝试利用每一个机会，教导孩子们知道：事物往往不是表象所能涵盖的，除了我们所见的，还有一些更深层次的东西。

我解释说："蛇蜕皮是因为它们要更新自己。"正如往常一样，最初的话题会导致接二连三的新问题，直到我们所谈论的与起先的话题毫不相干。

萨拉问："蛇为什么要更新自己呢？"

罗伯特诙谐地说："因为它们不喜欢做自己，它们想要变成别人。"

萨拉和我礼貌地岔开了她哥哥的话题。我忽然记起，很多年前的报纸上曾有一篇文章，作者阐述了她对更新的看法。她用墙上的层层壁纸来比喻我们掩藏真实的自我，她说一层一层地剥掉那些伪装的外表，我们就看到了最里层的真我面目。

我告诉聚精会神的小女儿："我们经常需要'蜕皮'，是要脱掉身上那些装饰。当我们成熟之后，就发现某些东西不需要也不必要了。这条蛇不再需要这张皮，也许是蛇觉得它太僵硬、太多皱了；也许是它觉得，这张皮穿在身上不再像以前那么光滑了，蜕下一层皮就像买了一件新衣服一样。"

当然了，我确定这一解释不能得到真正的博物学家的认可，但萨拉理解了我的意思。在我们的交谈中，我知道萨拉开始领会"更新是进步的一部分"这个道理，即便只是细微地理解。她领会了：我们需要好好审视自我、房间、功课，注重创造性以及精神追求；明白了我们需要保留什么，摆脱什么。我小心地指出：这是自然过程，并非被迫的。

我解释说："蛇喜欢自己的皮时，就不会蜕掉它。这是它们成长的自然结果。"萨拉说："爸爸，我明白了。"接着便从我腿上跳下去，拿着蛇皮跑开了。我希望她能记住这个道理，那就是：我们长年累月地把自己层层包围在人情世故中，为了寻找掩藏在底下的真正自我，我们需要检验判断这些外衣，当认识到有些东西是没有价值的、不必要的或者是有缺陷的，就把它们剥去；或者，最好把那些剥去的东西保存下来，以提醒激励我们不断创新，精神上不断完善。

那一场呼啸而过的青春

阿拉比

文_詹姆斯·乔伊斯

里士满北街静悄悄的，只有当基督教兄弟学校的男孩们放假时，这条死胡同的沉寂才被打破。在远离广场上其他房子的胡同口，有一幢无人居住的两层楼房。而其他房子则一副端庄的样子，严肃地彼此凝视着。

原来租住在我们家的一个牧师，死在了客厅后面。由于屋子封闭太久，房间里空气潮湿，且弥漫着一股霉气。厨房后面那个废弃的房间里堆满了废报纸，我在其中发现了几本卷了边、发了潮的平装书：沃尔特·司各特的《修道院院长》《虔诚的教友》，还有《维多契回忆录》。我最喜欢最后一本，因为它的书页是黄色的。房后那座荒芜的花园中央长着一棵苹果树，还有几棵恣意生长的灌木。在其中一棵下，我找到了牧师留下的锈迹斑斑的自行车打气筒。他曾是位心地善良的牧师，他在遗嘱里把所有的钱都捐给了慈善机构，只把房里的家具留给了妹妹。

冬季，白天渐渐变短，还没来得及吃晚饭，天已经黄昏了。街上的房屋已变得昏暗阴沉。头顶的天空永远是变幻中的紫罗兰色，街灯向着广袤的天空散发出微弱的光芒，冷空气侵袭而来。我们嬉闹着，直到全身发热；我们叫着，喊着，声音回荡在寂静的街道上；我们跑着，闹着，沿着游戏的路线，我们先要穿过房后黑暗、泥泞的胡同。在那儿我们会同破烂屋棚那边来的野孩子交手，然后跑到黑暗潮湿的园子的后门，那儿的灰坑发出刺鼻的臭味，最后跑到臭气熏天而阴暗的马厩。马夫在那里抚弄梳理着马的鬃毛，或是摆弄扣好的马具，发出悦耳的响声。当我们回到街上的时候，厨房里的灯光照射出来，透过窗户，洒满了整条街道。若是看到我的叔叔从街角走来，我们就躲到暗处，看着他走进屋子，诸事平安为止。有时候，曼根的姐姐走到门口的台阶前，叫她的弟弟喝晚茶，我们就从暗处看见她向街的两头眺望。我们会等一会儿，看她是继续待在那里还是进屋去，如果她待在那里，我们就离开藏身之地，乖乖地走上曼根家的台阶。她正在等我们，从半开的门缝里透出的灯光映出她那迷人的身影。在弟弟听从她之前会先取笑他，我就站在栏杆旁边看着她，她走动的时候裙子一摆一摆的，柔软的发梢来回甩动。

每天早晨，我都躺在前厅的地板上盯着她房间的门。我把百叶窗拉下来，只留不到一英寸的缝，这样别人就不会看到我。当她从房间里出来，走到门前的台阶上时，我的心开始激动起来。我跑到大厅，抓起书，紧紧地跟在她的身后。我的眼睛一直盯着她那棕色的身影，快到我们不得不分开的地方时，我便加快脚步超过她。天天早晨都如此，除了偶尔打个招呼，我从未说过什么，但是她的名字却召唤着我，在我愚蠢的血液中涤荡。

即使在最不具备浪漫气息的地方，她的身影也会出现在我的脑海里。周六傍晚，我的婶婶去集市，我得帮她拿着大包小包的东西。我们穿梭在繁华的街道上，在醉鬼和讨价还价的女人中间挤来挤去，其中还夹杂着工人们的咒骂声。成桶的猪肉旁，店铺伙计用他们那尖尖的嗓子不厌其烦地吆喝着，街头艺人用鼻音哼着奥多若万·罗萨的《大家都来吧》的曲子，或者唱着关于我们动乱的祖国的歌谣。这些吵闹声使我对生活产生了发自心底的唯一的感受：我梦想着自己捧着盛满圣餐的杯子，安然地从一群仇敌中间走过。当我做着奇怪的祷告时，赞美她的名字常常从我的唇间蹦出来，而这些我却一点都不懂。我的眼中常常满含泪水（我也不知为何），而有时心里又会涌起一股狂潮，充溢着我的胸膛。我极少想到将来。我不知道是否会和她讲话，也不知若是讲了话，如何告诉她我对她是那样的仰慕，而这种仰慕又是如此令人困惑。但我的躯体就如一架竖琴，她的一言一行如拨动琴弦的手指一般，在我的心底划过。

一天夜里，我走进了牧师去世的那个客厅后面。那是一个雨夜，房间里悄无声息。透过一扇碎了玻璃的窗户，我听到雨滴拍打着地面的声音，雨水像永无止境的针线一样，连绵不断地坠落在潮湿的地面上。不远处有灯光，有些窗户也透出微弱的光芒。庆幸的是，我几乎什么也看不见，失去了所有的感觉。于是我紧合掌心，以至于双手颤抖，我喃喃自语：哦，爱！哦，爱！如此这般，重复了很多次。

她终于跟我说话了，当她刚开始和我讲话时，我木讷极了，不知怎么回她的话。她问我，去不去阿拉比啊。我不记得当时是说去还是不去。那是很不错的集市啊，她说道，她想去。

“那你怎么不去啊？”我问她。

她一边说话，一边不停地转动着手腕上的银手链。她说，她不能去，因为那个星期她要到修道院去静修。她弟弟和另外两个男孩子正在抢帽子，而我一个人扶着栏杆。她的手握着栏杆上的尖头，低着头对着我。房门对面的路灯照到我们这边来，她那白皙的脖颈，垂在脖子里而又落了下来的柔发，握紧栏杆的手都被融进灯光里。灯光落在她裙子的一边，恰好照在衬裙的白色镶边上，她安逸地站在那儿，刚好被我看得清清楚楚。

“你能去真幸运啊！”她说。

“要是我去的话，”我说，“我给你捎些东西。”

那晚后，多少荒唐愚蠢的念头让我日夜不安啊，我渴望那些单调乏味的日子能马上过去，学校里那些功课着实让我恼火。深夜在卧室里，白天在教室里，她的身影总浮现于眼前，我拼命想要读下去的书页里也会闪现她迷人的身段。静默中，我的灵魂感受到了巨大的快感，“阿拉比”，这个词的每个音节时时刻刻呼唤着我，让我像中了东方的魔法一样。我向婶婶请求周六晚上到集市上走走，她很吃惊，说但愿不是什么共济会的勾当。在课堂上，我几乎回答不出老师的提问。我望着老师，他的脸色从温和变为严厉，他希望我不要虚度光阴。我老是走神，思绪无法集中。我对生活失去了耐心，无法严肃地度过每一天。既然正常的生活把我和我的欲望隔离开来，那么我觉得它就如小孩子的游戏，单调而又丑陋。

到了周六的早晨，我提醒叔父，我晚上想去集市。他正在衣帽架上翻弄着，找他的帽子，于是不耐烦地回答我说：

“我知道了，孩子。”

当他在大厅里时，我是不能去前厅躺到窗子下的。我觉得房里郁闷无趣，就慢吞吞地往学校走去。路上寒风刺骨，刀割一般，我心里一阵阵忐忑不安。

我到家吃晚饭时，叔父还没回家。时间还早，我坐在那里，盯了一会儿时钟后，听着时钟滴滴答答的声音，开始烦躁起来，于是我离开了房间。我爬上楼梯，走到房子的上面。那些房间既高又冷，空旷而阴暗，却放松了我的心情，我唱着歌在房间中来回穿梭。从前窗望去，我看到同伴们在下面的街上玩耍。他们的叫喊声既微弱又模糊，我把头靠在冰冷的玻璃上，目光凝视着她住的那座漆黑的屋子。我可能在那里站了一个小时，我的眼里除了想象中的那个身穿棕色衣服的身影外，别无他物。灯光谨慎地摩挲着她那弯弯的脖子，她握在栏杆上的手，还有裙子下的镶边。

再下楼时，我发现默瑟太太坐在炉火边。她老了，而且多嘴多舌。她是一个当铺老板的遗孀，曾经很虔诚地收集过一些用过的邮票。我必须忍受茶桌上的闲言碎语，晚饭拖拖拉拉吃了一个多小时，但叔父还是没有回来。默瑟太太起身要走，她很遗憾不能再等了，而且现在已过了八点，她不喜欢在外面待得太晚，因为晚上的空气让她很不舒服。她走了之后，我开始在房间里走来走去，紧握拳头。婶婶说：

“我想也许你该推迟去市场的日子，因为今晚是主的礼拜六夜晚。”

九点钟，我听到弹簧钥匙开大厅门的声音，是叔父回来了。我听到他正在喃喃自语，他的外套搭到衣帽架发出的撞击声。我很清楚这意味着什么。当他把饭吃到一半时，我请求他给我些钱，好去集市。他已经忘了。

“人们现在都上床了，并且睡了一觉醒来了。”他说道。

我没有笑。婶婶迫不及待地对他说：

“你就不能给他钱让他去吗？其实，他已经等你很长时间了，走到集市也很晚了。”

叔父说他很抱歉，因为他全忘了。他很相信那句古老的谚语：“只工作不娱乐，聪明人也会变成傻子。”他问我要去哪里，当我再次告诉他时，他问我是否知道《阿拉伯人告别他的骏马》这首诗。我离开厨房时，他正要背诵这首诗的开头几句给婶婶听。

我沿着白金汉街大踏步地往车站走去，手里紧紧地攥一枚佛罗林。街上拥挤的购物者和耀眼的煤气灯唤起了我的记忆，我想起我为什么来这里了。我登上一列空荡的火车，在三等车厢找了个位置坐了下来。令人无法忍受的是，等了好长一会儿，火车才缓慢地驶出。列车慢慢地驶向前方，途经破旧不堪的房屋，跨过波光荡漾的河流。在韦斯特兰德罗车站，人群如潮水般涌向车厢门口，但是乘务员却把他们往后推，告诉他们这是去集市的专列。空荡荡的车厢里，始终只有我一人。几分钟过后，列车慢慢地停靠在一个临时搭建的木制月台前。我出了车厢，走到大路上，看见时钟亮着灯，时针已指向九点五十分。一幢高大的建筑物矗立在我的面前，展示着那个魔幻般的名字。

我找不到票价是六便士的入口，又担心集市马上结束，就迅速地从一个十字转门进去，递给一个面容疲倦的人一个先令。我发现自己走到了一个大厅里，大厅内半高处有一圈楼廊。几乎所有的摊位都收摊了，大厅处于一片昏暗之中。我觉得四周有一种沉默，就像礼拜结束后弥漫在教堂里的那种沉默一样。我胆怯地走到集市中央，有几家摊位还没打烊，几个人围在那里。在由彩灯拼出了Cafe Chantant 字样的窗帘前，两个男人正数着托盘上的钱。我听着钱币落到托盘的声音。

费了好大劲，我才想起此行的目的。我往一家摊位走去，仔细研究着那些精美的花瓶和雕花的茶具。在一家摊位门前，一位年轻的少妇正与两位年轻的绅士谈笑风生。他们操着英国口音，我模模糊糊地听着他们的谈话。

“我从来没有说过！”

“啊，但是你确实说过！”

“啊，但是我没有说过！”

“难道她没说过吗？”

“是的，我听她说过！”

“哦，你……瞎说！”

看到我，这位年轻的小姐走上前来，问我是否要买东西。她的语调并不殷勤，好像和我讲话只是出于自己的义务。在昏暗的摊位入口处，一些大罐子好像东方卫士一样矗立着，我谦恭地凝视着那些大罐子，嘟哝着说：

“不，谢谢。”

这位年轻的小姐把一个花瓶挪了挪位置，又转向了那两位年轻人。他们又开始谈论原先的话题，年轻的小姐偶尔侧着肩膀瞥我一两眼。

尽管待在这里已毫无意义，我还是在她的摊位前逗留着，想让他们明白我真的对花瓶感兴趣。然后我慢慢地转身走开，往集市中间走去。我让两个便士在口袋里撞击着六便士的硬币。我听到走廊的那头传来一个声音：要熄灯了。大厅的上层现在一片漆黑。

我抬头凝视着黑暗，发觉自己是受虚荣驱动和愚弄的可怜虫，我的双眼燃烧着痛苦和愤怒。

障碍本身就是生活的一部分

文_道格拉斯

我们一直在说服自己，等我们结了婚，有了孩子，然后再生一个，生活会更好。随后，我们立刻又会心生烦恼，嫌孩子太小，想着等到他们长大一些，我们就会更满足。不久，我们又会灰心丧气，不得不应付青春期的孩子，又想着等到孩子们过了这段时期，我们理所当然就会觉得幸福。

我们一直在告诉自己，当我们的配偶振作起来，当我们拥有一辆性能更优良的轿车，当我们能去度一个精彩的假期，当我们退休之后，我们的生活就会变得和谐美满。实际上，感受幸福生活的最佳时机莫过于此时此刻。如果不是此时此刻，那又是何时呢？我们的生活充满着挑战。最好的解决办法就是让自己接受事实，无论如何都要心情愉悦。

我很喜欢艾尔弗雷德·D.苏泽的一段话。他说："长久以来，我感到生活——真正的生活即将拉开帷幕。然而，障碍总是不期而遇，先要去做某件事情，比如未完成的工作、有待安排的时间、需要偿清的债务，随后生活才会真正开始。最后，我终于明白，这些障碍本身就是我生活的一部分。"

这个观点让我认识到，根本不存在通往幸福的道路。幸福本身就是道路。所以，珍惜你拥有的每时每刻。珍惜你与某个特别的人分享的这一时刻。因为这个人很特别，值得你与之共享这一时光……谨记，时间不等人。

所以，不要再白白等待了，直到你结束学业，直到你返回学校，直到你的体重减轻了10磅，直到你的体重增加了10磅，直到你有了孩子，直到孩子们离家开始独立生活，直到你开始工作，直到你离休，直到你结婚，直到你离婚，直到星期五的晚上，直到星期天的早晨，直到你买了新车或搬了新的住所，直到你购车或购房的贷款完全偿清，直到冬去春来，直到夏过秋往，直到你不再享受福利，直到下个月的1号或这个月的15号，直到该你上台一展歌喉，直到你举杯痛饮，直到你清醒过来，直到你辞世，直到你重降人间，才懂得原来此时此刻才是最应该快乐的。

幸福是一次旅程，不是终点。

尽情工作吧，就像你根本不需要钱；

放手去爱吧，就像你从未受过伤；

纵情舞蹈吧，就像无人观看。

弱点有时给你最大的力量

文_韦恩斯坦

有时，一个人的最大弱点将会变成他的最大优势。有这样一个故事，故事的主人公是一个10岁的男孩。一次可怕的车祸夺走了他的左臂，然而他决定对抗现实去学习柔道。

男孩开始向一位年长的日本柔道师傅学习。他做得很好，不过他不明白为什么师傅训练了他三个月，却只教给他一个动作。

“先生，”男孩终于问道，“我们应该学习别的动作了吧？”

“这个动作是你学到的唯一的动作，不过也是你唯一需要学习的动作。”师傅回答说。

男孩不明白师傅的话，可他相信自己的老师。因此，他继续练习这个动作。

几个月后，师傅带着徒弟参加了他的第一次柔道锦标赛。令男孩惊讶不已的是，他非常轻松地取得了头两场比赛的胜利。第三场比赛比前两场要困难得多，不过经过一番比试，男孩的对手开始渐渐变得急躁和冲动，因此男孩熟练地用他的绝招战胜了对手。仍然惊讶于自己胜利的男孩，此时打入了决赛。

这回，比赛对手块头更大、更强壮、更有经验了。有一段时间，男孩有些招架不住。裁判担心男孩可能会受伤，便叫了暂停。就在裁判将要终止比赛的时候，师傅阻止了他。

“不要停下，”师傅坚持说，“让他比下去。”

比赛立即重新开始。这时，男孩的对手犯了一个致命的错误：他放松了警惕。刹那间，男孩用他的绝招牵制住了对手。男孩获胜了，他战胜了所有的对手，成为冠军。

在回家的路上，男孩和师傅沉浸在每场比赛的每个动作之中。男孩鼓起勇气问师傅心里是怎么想的。

“师傅，我为什么只用一个动作就赢得了冠军？”

“你赢得冠军有两个原因，”师傅回答说，“第一，你已经掌握了柔道中最难学的一个摔打动作。第二，对于你的对手而言，能够防御这个动作的唯一办法就是抓住你的左臂。”

男孩最大的弱点成了他的强项。

一生最大的收获

文_查图尔

他11岁那年，一有机会就到新汉普郡湖心岛上他家的小屋码头钓鱼。

在鲈鱼季节来临的前一天，他和父亲傍晚很早就开始准备了。他们用小虫做诱饵来钓太阳鱼和鲈鱼。他在银色的钓钩上放好诱饵，开始练习抛线。钓钩撞到水面上，在夕阳中荡起一片金光闪闪的水波。月亮升起来时，水波就变得银光闪闪。

当钓竿弯下去的时候，他知道线的那一端一定钓到了一条大鱼。他灵巧地在码头边沿和那条大鱼周旋。父亲用赞赏的眼神关注着他。

最后，他很小心地将那条筋疲力尽的鱼从水里拉了出来。这可是他所见过的最大的一条鱼，而且还是条鲈鱼。

男孩和他的父亲凝视着这条漂亮的鱼，它的鳃在月光下一张一翕。父亲点燃一根火柴，看了一下表。现在是10点——离鲈鱼季节的开放时间还有两个小时。他看了看鱼，又看了看儿子。

“你要把它再放回去，儿子。”他说。

“爸爸！”男孩喊。

“还会有其他鱼的。”父亲说。

“但肯定不会像这条一样大。”男孩喊道。

他看了看湖的周围。月光下，周围没有其他渔民或船只。他再一次看着父亲。尽管并没有人看着他们，也没有人知道他们是什么时候钓到鱼的，但从父亲那坚定的声音中，男孩知道这个决定是不容更改的。他慢慢地将钓钩从大鲈鱼的唇上拿下来，然后蹲下来把那条鱼再放回水里。

那条鱼摆了摆强健的躯体，消失在水里。男孩怀疑他再也不可能看到那么大的鱼了。

那件事已经过去34年了。而今，男孩已经成为纽约城里一位成功的建筑师。他父亲的小屋仍然伫立于湖心岛上。他也曾带着自己的儿子和女儿回到同一个码头去钓鱼。

他当时的猜想是对的。他再也没有见过那么大的鱼了，就像很久以前的那天晚上所钓到的那样。但是，在他每次面对道德难题时，那条大鱼总会浮现在他的眼前。

因为正如父亲告诉他的那样，道德就是简单的对和错的问题，困难的是付诸行动。在无人旁观时，我们的行为能否仍然正当？为了将图纸及时送到，我们是否会抄近路？或者在明知不应该的情况下，我们是否会将公司股份卖掉？

当我们年轻的时候，如果有人要让我们把鱼放回去，我们应该那样去做，因为我们将从中学到真理。选择去做正确事情的决定将在我们的记忆里变得深刻而清晰。我们可以把这个故事自豪地讲给我们的朋友和后辈听。这并不是关于如何攻击某种体制并战胜它，而是关于如何去做正确的事情，从而不断完善自己。

休息日你怎么过

文_理查德

如今，生活和工作已经很难让人感到轻松愉悦或是颐养身心。相反，生活的全部体验里都融入了巨大的职责。“我很忙”变成了一种标准问候语。

对他人说这句话时，我们会引以为豪。我们以为，自己越忙，于人于己，我们就显得越重要。抽不开身来与亲朋好友相聚，没有时间欣赏日落，为履行职责奔忙不停而无暇用心呼吸——这一切已成为成功人士的生活模式。

因为得不到休息，我们迷失了方向；失去了于己有益的滋养；错过了赐予我们智慧的宁静。我们深受这个信条的毒害，而永远得不到真正的休息——成功源于不懈地努力。

我们年轻时梦想的世界并不是这样。我们怎么就一头扎进了如此可怕的世界——一个充斥着工作和责任，却又被剥夺了欢乐和喜悦的世界?

安息日，我们已经忘却。它是享受和庆贺美好事物的日子——是点上蜡烛、唱歌、做礼拜、讲故事、为孩子和爱人祈福、感恩祷告、共享午餐、小憩和散步的日子，也是将工作、家务杂事和重要规划搁置一边，滋养放松身心的日子。我们坚信，休息过后可以更好地应对这个世界。

安息日不仅仅是指不工作。休息时，很多渴望成功和肩负重任的人会有负罪感。但随着时间的推移，安息日的价值就会日益显露。很多人仍会记得在不久以前，那些周日里商店停业、公司员工全体休息的日子。那些宁静的星期天下午，在我们的文化记忆中烙下了深深的印记。

生命的最佳时期

文_莫德

人生沉浮，看似难以预测。但是，科学家们现在了解到，几乎所有的人都有一个相当明确的模式。即使度过了一些“黄金时期”，你仍然可以在未来经历另外的黄金时期。某些重要的黄金时期好像要在生命的后期才能达到巅峰。

你什么时候最聪明？根据智商测验的分数，是从18岁到25岁期间。但是，随着年龄的增长，你会更加明智，经验更加丰富。

你的思维最敏捷是在20多岁的时候，到了30岁左右，记忆力开始下降，特别是你的数学计算能力降低。但是，你做其他事的智商提高了。例如，你45岁时的词汇量是你刚从大学毕业时的3倍。到60岁时，你的大脑储存的信息几乎是你21岁时的4倍。

根据敏捷和智慧之间的转化，心理学家提出了一个适用于成年人的概念“成熟商（M.Q.）”。

你什么时候最快乐？你对自己身体感觉最好的时期是从15岁到24岁。职业感觉最敏锐的时期是从40岁到49岁。

在24岁之前，我们相信自己最快乐的时光还在前头；过了30岁，我们确信最美好的时光已逝。一项全国性的健康调查也同样证明：30岁以后，我们“变得更加实际，不再把幸福当成一种目标。如果我们保持身体健康，达到事业和情感上的目标，我们觉得，幸福就会随之而来”。

你什么时候最富于创造力？一般来说，会在30岁到39岁之间，但是，高峰期会因职业的不同而各不相同。

莫扎特写下一部交响曲和四首奏鸣曲是在8岁的时候。门德尔松17岁时写下了他最著名的作品《仲夏夜之梦》。然而，人们创造出伟大的音乐作品大都是在33岁到39岁时。

尽管许多领域的巅峰状态来得较早——大多数诺贝尔奖获得者完成他们顶级的研究是在20岁到30岁期间——创造型的人一生中会不断地完成高品质的工作，对于“状况良好的大脑”，没有上限。

快乐自己做主

文_莫里斯

我们都被洗脑了！我们被灌输了这样的职业道德："工作（忍受）到生命的最后一刻，幸运的话，就直到退休。我们没有时间浪费在无聊的事情上，我们要遵守职责。我们一定要认真努力地工作，在事业上进步，赚更多的钱，并把赚钱和事业进步当做生活的首要目标。"

我希望改变自己的人生计划。我知道，做自己感兴趣的事情，我会做得更好；相反，做自己不喜欢做的事，我会做得一塌糊涂，在压力下工作通常会事倍功半。

我们可以改变生活中衡量某事是否该做的标准。我们需要扪心自问的，不应是"它是否会赚大钱或能否让事业更上一层楼"，而是"我对这些感兴趣吗？这事有意思吗？我要大干一番吗"？

如果对于这些问题不能给予肯定的答复，那么，这些很有可能就不是你该做的事情！

如果不是诸如纳税、洗碗等你必须做的事情，解决的办法就是找别人代你做，你不喜欢做的事情自有人喜欢做。事实如此！举个例子来说，我并非世界上最棒的家庭主妇，我讨厌打扫卫生、擦地板和窗户等家务活，可偏偏有些人喜欢这种工作，并能在工作圆满完成后获得真正的满足。如果我雇人来做这些事，我则可以利用这些时间去做自己喜欢的事情或赚钱，这对我大有裨益。

人各有不同，不同的人适合做不同的事。某人喜欢做特定的某件事，这并不意味着你也必须去喜欢。我所谓的“乐趣指数”可以用来帮助我们了解某一行为适合哪些人去做。判断一件事情是否该去做，不能只凭它能否带来物质利益或事业进步等经验主义，而应看此事是否能给我们带来乐趣，并使我们获得满足感。你的工作带给你自豪感和满足感了吗？你是在执行“应该”指令，还是依照“想做”的意愿呢？

我发现，勉强自己做事的结果就是能拖则拖，没完没了。你留意过吗？做自己不喜欢的事情，似乎总也做不完。反之，则如俗语所云：“乐在其中，浑然不知所谓何日。”

我们要反对旧的模式，并相信“乐趣指数”是一个前进的工程。每个小的进步同时也是一个大的飞跃。每一步都会淡化你对生活的不满情绪，强化你的自爱、自我认同和自尊，让你更易感知生活中的乐趣。

不论何时，你都不能忽视这种内在激励，否则，你便会日益陷入自厌与自责的泥潭，再次感到消沉没落。每一次失望都会强化心中的那个信念：别人的愿望比自己的更加重要。于是，你内在的欲求便会再次被压抑到最低位置。

然而，这就是你的生活！为何要让他人指示你“应该”怎样生活呢？问问你自己，你想怎样规划自己的人生！聆听内心的声音，它会告诉你什么是真正的充实和满足。要知道，你才是自己生活的主宰者！毕竟，这是你的生活，不是吗？

让教训不要重复出现

文_卡利斯

你是否曾注意到，生活中的教训总是重复出现。这看起来是不是就像与你结婚或多次约会的始终是同一个人，只不过是身材和名字不同罢了呢？你是否曾多次遇到类型相似的老板呢？如果你无法同家中的掌权者处理好关系，那么，你在外面的世界同样会遇到这种状况。你的生活会不断地陷入强权者的控制中，而且，你会一直与之对抗，直到学会服从为止。

在你的生活中，会不断地出现相同的教训。你会有老师前来教你，直到你完全明白为止。你可能会努力避免这种情形，但终究会身陷其中。唯一能让你从这些不断重复的艰难模式和问题中解脱出来的方法是：转变你的观念，这样你就能认清这些模式，并从中汲取教训。直面这些挑战意味着你要接受一个事实：你自身的某些因素使你的生活重复出现相同类型的人或问题，尽管你可能会为这种情形或关系倍感痛苦。

所以，这个挑战就是要辨明你不断重复的行为模式，并从中解脱。这是一个艰巨的任务，因为，它意味着你必须作出改变，而改变往往不容易，但停滞不前也不利于你心灵的成长，虽然它确实让你有舒适的熟悉感。

面对这个挑战，要辨明自己的行为模式，并从中解脱，那么，你必须承认，你过去曾有过某种行不通的行为方式。可喜的是，通过这种模式，你能真正学会如何去改变。为了协助你改变的进程，你能学会积极和忍耐。一旦掌握了这些，你很可能会发现，辨明这种模式并不是特别困难。

改变的真正秘诀是你愿意这样去做。如果你在挣脱困住你的模式的过程中取得了任何进展，那你首先应该辨明被困的模式，然后开始摆脱以前的习惯。如果你真正想改变，就要选择去做，并真正付诸行动。但是，如果你只是觉得自己应该改变，就要下定决心。然后，你会感受到牺牲的痛苦。跟随当今的潮流，听从朋友的建议，或迫于家人的期望，都会促使你作出决定，而你应该在心灵罗盘的指引下来选择。

所以，当你努力想改变生活时，先扪心自问："我想作出这个改变的决心到底有多大？"如果你没有答案，那么，你很可能应该改变，但在你的内心深处并没有这种渴望。

耐心是在等待结果时显示出来的承受力。一旦你准备改变自我，就要耐心面对。你期望立刻有结果，并往往会为开始几次尝试的失败而沮丧。当人们试着减肥，却无法抗拒美食时，便会对自己不能执行新的饮食计划而倍感失望，并为不能改变生活模式而自责不已。

正如你所知，改变通常很艰难。当你处于改变的过程中时，要对自己宽容，并耐心地去练习。成长是一个缓慢而艰苦的过程，耐心会让你更有毅力，帮助你去做自己想做的人。

如果你对堵车深恶痛绝，那么你应该多培养自己的耐心。另外，你可能会比那些有耐心的人更频繁地遭遇堵车——不是因为上天捉弄你，而是与那些有耐心的人比起来，你对堵车更在意。

记住，一个教训总会反复出现，直到你学会为止。它只不过更需要一点儿耐心而已。

不要忽略那些小想法

文_卡罗琳·加兰果

你曾经有过的那些很机灵的想法现在怎么样了？你是否忽略了它，因为你觉得那只不过是一个小小的想法？

你是否想过，如果凭自己的直觉，或者给予它更多的关注，那些小小的想法会变成什么呢？

想象这样一个场景：你坐在家里看电视或看书时，脑海中突然灵光一闪，冒出一个想法。这个想法引起了你的注意，但它好像毫无价值，于是你准备丢弃它。但是，请等一下！

这个想法可能就是成功的潜在起点，而成功是你渴望已久的。当它掠过你的脑海，你的感觉变得敏锐起来，你突然看到了一种可能、一种现实、一套解决方案、一个结论，或是找到了许久以来一直困扰着你的问题的答案。

这就好像是一位圣人悄悄地对你耳语一个完美的解决方案，或者唤醒你的某种感觉成为真实，由此给你的人生带来光明，这种感觉就像找到智力拼图的最后一块一样。

这将成为一个令人振奋的时刻。当你激动地试着抓住这些微小却很实用的想法时，周围的一切好像都凝固了。

那个小小的想法如果被付诸实践，就极有发生的可能。当你意识到这点时，你的自信心和热情都会大大增加，以此为基础激发其他的思想，其中一些你可以写下来。这些伴随那个小想法而来的思想，可以等以后再来回顾。

表面上，这些小想法或观念毫无意义，然而一旦付诸实践，它会有很大的潜能来激发更伟大的计划。

很多成功的计划都是从那些积极的小思想中诞生出来的。它们经过细心的培育，被认为是成就伟大事业的入场券。

你可能听别人这样说过很多次：它只在我的脑海中瞬间闪现。在闪现的那一刻，一个关于你计划要实现的事情的小观点，或者看似毫无意义的想法可能掠过你的脑海。

不要浪费任何一个机会，去实践一个有潜力的机灵想法。你无须为了等待一个更大的想法、更高明的谋划，或得到同伴的认可之后，再去实践你的小小想法。

如果你决定坚持到底，那么，小小的想法或念头将会是你成就伟业的起点。

我们拥有美丽的梦想

文_塞缪尔

9岁时，我住在北卡罗来纳州的一个小镇上。在一本儿童杂志的封底，我看到一则招聘贺卡推销员的广告。我认为自己能胜任。征得母亲的同意后，我让人把全套货物送来。两周后，货到了，我把棕色包装纸撕开，抓起卡片，就冲了出去。三个小时后，卡片卖光了，我的口袋里装满了钱，我跑回家高喊着："妈妈，人们都争先恐后地买我的贺卡！"一个推销员就这样诞生了。

12岁时，父亲带我拜访齐格·齐格勒先生。记得那时我们坐在昏暗的礼堂里听齐格勒先生演说，他的话激励了所有人，大家的情绪都很高昂。离开时，我觉得自己无所不能了。上车后，我对父亲说："爸爸，我也想让人们有这样的感觉。"父亲问我是什么意思。"我想成为齐格勒先生那样的动员演说者。"我答道。一个梦想就这样诞生了。

最近，我开始鼓动他人，激励他们实现自己的梦想。在这之前的四年里，我在一个拥有100家公司的财团工作。从一个销售培训员做到地区销售经理，在事业达到巅峰时，我离开了公司。很多人不理解，我为什么会放弃六位数的高薪，去冒险实现自己的梦想。

我是在参加了一次地区销售会议后，决定离开安全港湾，自己开创公司的。在那次会议上，公司副总裁做的一次演说改变了我的命运。他问我们："如果一个神仙能满足你三个愿望，你希望得到什么？"他让我们把自己的愿望写下来，然后问："你们为什么需要神仙呢？"那一刻，这句话让我震撼不已，永生难忘。

我意识到自己拥有成功所具备的一切条件：毕业文凭、成功的销售经验、无数的演讲经历、在一个拥有100家公司的财团做过销售培训和管理工作。要成为一名动员演说者，我已经准备好了，无需神仙的帮助。

当我含泪把计划告诉老板时，这位我所敬重的领导说出了令我出乎意料的话："勇往直前吧！你一定会成功。"

我刚下定决心，便遇到了考验。我辞职一周后，丈夫也失业了。我们刚买了一栋新房子，需要双方用工资来支付每月的抵押贷款，可现在连一分钱的收入都没有。此时我想重返公司，我知道他们仍会接纳我，也知道一旦回去就很难再出来了，于是我下定决心继续前行，绝不做一个满口"如果"，却不付诸行动的人。一个动员演说者诞生了。

我紧追自己的梦想。即使是在最艰苦的时候也不曾放弃，奇迹最终出现了。丈夫在较短的时间内找到了一份满意的工作，我们连一个月的抵押贷款都没拖欠。我也开始有新客户预约演说了。我发现了梦想的无穷力量。我喜欢先前的工作、同事和离开的那家公司，但我实现梦想的时机已经成熟。为了庆贺成功，我请当地的一位艺术家把新办公室改造成了一座花园，在一面墙的顶端印了这样一句话："机会总是垂青有准备的人。"

热情可以创造奇迹

文_奥里森·马登

“当谈及一个重大的问题时，我不知道别人会做何反应，”美国政治家亨利·克莱说，“但是，在这样的场合，我似乎会忘记外面的世界，全身心地投入到讨论中去，没有个人身份、时间或是周围其他事物的意识。”

一位知名的金融家说：“一家银行，在没有一位做梦都想着如何经营银行的行长之前，是永远都不会取得成功的。”

蒙田声称：“没有热情的人一无是处。”正如年轻的恋人拥有更敏感的感觉和更敏锐的视觉一样，可以从爱人身上发现诸多他人所看不到的优点和魅力。因此，一个充满热情的人，他的感知能力会增强，视野也会变大，他能够看到别人无法洞悉的美丽与优雅。工作生活中的劳累、困苦、艰辛，甚至烦扰都会消除。

狄更斯说，他曾变得很疯狂——他构想的故事情节和人物使他寝食难安，这种情况直到他专心地将故事写完才有所好转。在拟定一个故事场景时，狄更斯曾把自己关在房里一个月。等他终于走出房门的时候，他看上去憔悴得像落难的凶手。狄更斯笔下的人物日夜纠缠着他，令他无暇顾及其他事情。

一个琴技十分高超的12岁小男孩问道："莫扎特先生，我想谱支曲子，我该如何开始呢？"

"年轻人，年轻人，"莫扎特回答道，"你必须要等待。"

"但是，您开始谱写曲子的时候比我现在的年龄还小。"小男孩说道。

"是，你说得没错，"伟大的作曲家说，"但是我从来没有向别人问过有关谱曲的问题。一个具有作曲热情的人，谱写曲子是因为创作的热情而难以自控。"

英国政治家格莱斯顿说："人类社会最需要的是，激发孩子心中潜藏的热情。从某种意义上说，每个人都具有成就事业的潜质。不仅仅只是那些聪慧、反应敏捷的孩子，每个孩子身上都有自己独特的潜质，即使那些思维迟钝，甚至呆滞的、看上去愚笨的孩子也是如此。如果他们拥有坚强的意志，那么在意志的作用下，愚笨就会日益消减。"

爱默生说："在人类历史上，每一次伟大而有决定意义的举动都是某种热情创造的成果。"正是在热情的鼓舞下，拿破仑用两周的时间结束了本应一年才能结束的战役。奥地利人惊慌失措地说道："这些法国人不是人，他们会飞。"在他的第一次对意大利征战中，拿破仑在15天内就赢得了六场战役的胜利，缴获对手21面军旗，55门大炮，捕获战俘15000人，占领了皮德蒙特高原。

正如博伊德所说的那样："做事三心二意与一心一意的区别就在于前者象征着失败，而后者却是巨大胜利的征兆。"

释放你最大的潜能

文_韦恩

想赢得伟大的事业，你一定要有伟大的梦想。然而，光有梦想是行不通的，你一定要相信自己的梦想能够实现，更为重要的是你要为之付诸实践。没有行动，即使最宏伟的梦想也会消失得无影无踪，在头脑的迷雾中无依无靠。

你有成为梦想者的勇气吗？做好独自实现梦想的准备吧。梦想者在已知和未知之间架设桥梁。当你怀揣着梦想在现实中翩翩起舞时，那些听不见音乐的人可能会认为你是个傻瓜。不要在乎那些会扼杀你梦想的人。渺小的人一直扼杀梦想；伟大的人会激励你，你也可以变得伟大。

是否担心没有实现梦想的条件？那就去创造条件！摄取你头脑中所期盼的精神食粮。

有一个人养了两只狗。每到周末他都会让两只狗进行比赛，他把比赛结果当做赌注，并且每次都赢。这个星期他在黑狗身上下注，黑狗就会赢。下个星期他在白狗身上下注，看到黑狗上周赢了的人都会在黑狗身上下注，但这次白狗会赢。为什么？每周他想让哪只狗赢，就会给那只狗特别丰盛的食物，而只给另一只狗勉强度日的食物。吃得好的狗比另一只狗身体强壮，所以总是会赢。

你的意志也是一样：意志的坚定或薄弱在于你给它的食物。精神食粮可以给予你成功实现梦想所需的自信、勇气、知识和方向，或者让你无法得到它们。你可以使自己意志坚定，也可以使自己意志薄弱，选择权在你自己手中，而且这是你每天都要做的选择。

你是否一直在等待实现梦想的恰当时机？是否在等待实现梦想的优异环境？或是在等待实现梦想的合适机会？哎，你太有耐心了，不是吗？要知道，你可能会等一辈子。时间只是一种幻觉；环境是你创造的；机会是等待你邀请的暗示，它不会突然降临并大声宣布自己的到来。

现在就是恰当的时间，当你采取行动，环境就会改变；机会要由你来创造。那么你还在等什么？

想知道自己是否发挥了最大潜能的方式就是：如果你还活着，答案就是否定的。

一切都会好的

如果今天是世界末日

文_儒勒

我要把今天当做生命中的最后一天。我的手里余存着最宝贵的最后一天，那么，我该做些什么呢？首先，为了不让一个瞬间溅落，我将会密封生命的容器。我不会浪费一秒去追悼昨天的不幸、失败和心痛。为什么要为过去的不幸抛弃现有的美好呢？

时光沙漏里的沙能倒流吗？太阳会在落下的地方升起，并在升起的地方落下吗？我能再次经历昨天犯错误的时刻，并纠正它们吗？我能挽回昨天的伤害，让它们不复存在吗？我能比昨天更年轻吗？我能收回说出口的恶言、挥出去的拳头、已造成的伤害吗？不，昨天已被永远埋葬，我不想再次提及。

那么，我应该怎么做呢？我会忘掉昨天，也不会去想明天。我为什么要在可能发生的事情上耗费精力呢？明天能比今天先来临吗？今天的太阳能升起两次吗？我能在今天做完明天的事情吗？我能把明天的钱放在今天的钱包里吗？将来的孩子能在今天出生吗？明天的死亡能给今天的欢乐蒙上阴影吗？不！我已把明天像昨天一样埋葬，不会再去想它了。

我会把今天当做生命中的最后一天，今天才是我的所有，现在的这些时光是我的永恒。我欣喜若狂地迎接新一天的到来，犹如被暂缓执行死刑的囚犯。

我举起双手，想起那些迎接昨天的日出，今天却已不在人世的人。我确实无比幸运，今天的时光都是上帝赐予我的额外奖励。为什么我会得到这额外的一天，而那些比我更优秀的人却早已逝去呢？是不是因为他们已经达到了目的，而我尚未达到呢？是不是还有机会让我成就梦想呢？

我仅有一次生命，而生命只不过是时间的量度。如果我浪费了今日的时光，那我人生的最后一页就被毁灭。所以，我将会珍惜今天的分分秒秒，因为它们永不重来。今天不能留存供明天使用，谁能捕风捉影呢？我要用双手抓紧今天的每一分钟，爱抚这无价之宝。一个垂死的人，即使愿意拿出所有的金子，能买到一丝气息吗？我又怎能用金钱去衡量时间的价值呢？我要让它们成为无价之宝。

今天的职责，我要在今天完成。今天，我会更加爱护我稚嫩的孩子，明天他们将会离去，而我也会；今天，我要热烈地亲吻和拥抱我的妻子，明天她可能会离去，我也会；今天，我会向需要帮助的朋友伸出援助之手，明天他将不再寻求帮助，我也将听不到他的呼唤；今天，我要全身心地投身于工作，明天我将无法给予，也无人接受我的馈赠。

把握生命的每一时刻

文_比尔斯

生病了，我就卧床休息。因为我知道，一天不工作，地球照样转动。

我会点燃雕成玫瑰状的红蜡烛，不至于让它在闲置中消融。

我要少说话，多聆听。

我要请朋友来家中做客，即使地毯弄脏了，或沙发褪色了，也不在乎。

我要在装潢“考究”的客厅里吃爆米花，就算有人在壁炉里生火带起了炉灰，我也不会操那么多闲心。

我要从容悠闲地听爷爷讲他年轻时候的故事。

我绝不会因为在夏天头发刚梳理好，还喷过发胶，就坚持要把车窗玻璃摇起来。

我要和孩子们一起坐在草地上，丝毫不顾忌草渍。

我要在看电视时少哭点儿，少笑些——在看人生时，多哭些，多笑点儿。

我不会在买东西时只注重实用性、耐脏或耐磨。我不会在期盼中度过九个月妊娠期，我要珍惜每一刻，要清楚地认识到，体内孕育着的神奇是我今生唯一协助上帝创造奇迹的机会。

在孩子们猛烈地亲吻我时，我绝不会说："等等，去洗洗手，准备吃饭。"我要说很多遍"我爱你们"，说很多遍"对不起"。

总的来说，假如我能再活一次，我要把握好每一刻……留心生活，并真正地关注生活……品味生活……决不让岁月悄然流逝。

我不会为小事烦恼，不会担心谁讨厌我、谁比我富有或谁此刻正在做什么。让我们珍惜并真正关爱人与人之间的那份情感吧！多想想上帝给我们的恩赐，也多思考一下，每天我们都做了哪些有益于自己身心、情感和精神的事吧！

人生短暂，不可虚度。一个人只能活一回，祝愿大家生活幸福。

是个男人，就不能只是坐着

文_山姆

能够将梦想变为现实的人绝对是凤毛麟角，而拉里·沃尔特斯正是其中之一。他的故事是真实的，尽管你可能觉得有些不切实际。

拉里是卡车司机，然而他毕生的梦想却是飞行。高中毕业后，梦想成为飞行员的拉里决定参加美国空军。不幸的是，糟糕的视力没能让他如愿。所以，直到最后退役，拉里也只能在后院里看着喷气式战斗机在空中往来穿梭，得到一丝安慰。每当拉里坐在草坪椅上，便会想象着飞翔的美妙。

一天，拉里·沃尔特斯想到了一个主意。他去了当地海军剩余物资供应处，买了1罐氦气和45只皮气球。这些气球可不是派对上五彩缤纷的气球，而是载重气球，充足气后可以达到4英尺多宽。回到院子后，拉里用绳子将气球系在草坪椅上。这种椅子在你们自家后院里或许就能找到。

拉里将椅子固定在吉普车的保险杆上，然后给气球注入氦气，随后准备好三明治、饮料，以及装满子弹的BB猎枪，打算到时候打爆几个气球就可以返回地面了。

万事俱备后，拉里·沃尔特斯便坐到椅子上，割断了固定绳索。他原本计划慢悠悠地飘上一阵子，然后再慢悠悠地返回地面。然而，情况并不是那么简单。

当拉里割断绳索时，他并没有慢悠悠地飘上去，反而像大炮里射出的炮弹一样射向了天空，而且也不仅仅升到几百英尺的高空。他不断攀升，最终居然升到了11000英尺的高空！在这样的高度，拉里可不敢放掉任何气球的氦气，要是失去平衡，就真的要在空中飞了！所以，他老老实实地待在那里，整整飘了14个小时，根本不知道该如何着陆。最终，他飘到了洛杉矶国际机场的航道上。一名泛美航空公司的飞行员向控制台报告：有名男子坐在11000英尺高空中的一个草坪椅上……腿上还放着一把枪。

洛杉矶国际机场靠近海洋。你知道，一到黄昏时分，海岸上的风向会变。因此，随着夜幕慢慢降临，拉里便开始向海的方向飘去。

这时，海军派遣一架直升机前来营救。然而，救援队很难接近拉里，因为螺旋桨的气流总是将他自制的装置推得更远。最终，他们盘旋在拉里的上方，抛下营救绳索，才将他慢慢拖回到地面。

拉里的脚刚一着地就被逮捕了。

然而，当拉里带着手铐被带走时，一名电视台记者大声喊道：“沃尔特斯先生，你为什么要这样做？”

拉里止住脚步，看了看这个人，若无其事地说：“是个男人，就不能只是坐着。”

你是生命的最强音

文_宾利

我在内华达大学拉斯维加斯分校任经济学的老师，每个星期上三次课。上周一，刚一上课，我便兴高采烈地询问学生们周末过得如何。一个男生说，由于被拔掉了智齿，他的周末过得很痛苦，接着他又问我为何总能保持如此愉悦的心情。

他的问题使我想起了曾经在哪里看到过的一句话："每天早上起床时，你可以为如何面对这一天的生活作出选择。"我说："选择快乐。"

"举例来说，"我对着全班六十个学生继续说道，"我不但在这里授课，还在汉德森的一所社区大学任教，那里距离我家有17英里的路程。几个星期之前，有一天我开车前往那所学校，从高速公路上下来之后，我驶入了校园区。在离学校只有400多米的地方，我的车抛锚了。我试着重新发动引擎，然而不起任何作用。因此我只好打亮指示灯，抓起课本向学校冲去。

"到了学校，我立刻打电话给汽车协会，请他们在我下课之后开一辆拖车过来。院长办公室的秘书问我发生了什么事情。'我今天运气真好呀。'我笑着回答。

“‘你的车坏了，你却还说今天运气真好？’她满脸疑惑，‘你在说什么啊？’

“‘我的家距离这里有17英里。’我回答说，‘我的车没准会在高速公路的某个地方抛锚。然而幸运的是，它没有。相反，汽车是在驶离高速公路之后才抛锚的，恰巧在步行区之内。我仍然来得及去上课，还能安排拖车在我上完课之后来处理。假如我的汽车注定要在今天抛锚的话，我感觉自己已经相当幸运了。’

“那个秘书听得目瞪口呆，然后她笑了。我也冲她笑了笑，便上课去了。”这就是我所经历的一件事。

我环视了全班六十张面孔。尽管是大清早，可没有一个学生在打瞌睡。不知是什么原因，我的经历触动了他们。或者触动他们的并非故事本身。事实上，最初有学生看到我兴致勃勃的时候，他们就已经被我的快乐感染了。

孩子的祈祷

文_多萝西

大多数孩子不懂得死亡的含义。对于生命的变化和终结，他们的思维还没有发展到足以理解和接受的程度。生活仍在继续，但他们希望父母尽快回到自己身边，回到以前熟悉的生活中去。可是，一次又一次地，父母不再亲吻他们，不再向他们道晚安，他们的梦想一再破灭。

当他们开始理解父母离开的原因时，不断变化的环境又带来了更多的困惑。他们会猛然发现自己置身于陌生的人群，陌生的地方；即使是相同的环境，现在看起来也不一样了。不久，他们开始困惑，父母那么爱他们，为什么要离开。当他们试着排解感受到的伤害和失落时，却发觉周围的人发生了变化。

为了让父母重新回到他们身边，他们尽最大努力把事情做好，尽量做个好孩子，但是，希望又一次破灭。他们深感内疚，同时也掺杂着强烈的挫败感。于是，他们为自己的行为感到羞愧，并极力地掩饰自己。他们希望躲藏起来，甚至与世隔绝，这样就感觉不到周围的人带给他们的巨大痛苦了；他们变得胆小羞怯，只希望躲在某个不起眼的角落，不让别人发现他们的罪恶。

无数个不眠之夜，他们默默地流泪，脑海中总萦绕着一个问题——什么是爱与被爱。很快，他们觉得，接受爱是不值得的，但大多数时候，他们又觉得自己没有能力付出爱。他们发誓不让自己再次受到伤害，始终努力避免曾经感受过的深深的爱。他们紧闭心扉，希求孤独的生活，以逃避伤害。他们不知道，这样拒绝生命中一切爱的迹象，其实是对自己的惩罚。如果他们偶然感受到了爱，便会谨慎地避开，下意识地在自己与付出爱的人之间设置了障碍。

也许，有一天，会有一个人走进孩子的内心世界，打破他们为避免伤害而构筑的“围城”；会有一个人，不论受到来自受伤孩子多大的折磨和痛苦，仍能一如既往地对其予以关爱；终有一天，他会让孩子封存已久的爱释放出来，情感之闸一旦打开，爱便会喷涌而出。

孩子会在心中默默等待，暗自垂泪，希望某天能够得到解脱，把内疚感释放出来。每个夜晚，他们会祈祷那个特殊的人出现——他足够强大，有足够的爱心和耐心来接受真实的他们，并告诉他们，自己值得被爱。等待，他们活在过去的黑暗中，祈求爱的光芒。

凡事有定时

文_迪蒙

如果今天我有些哀伤，请原谅，因为马克要走了，我为此感到难过。

或许你不知道马克是谁，但你得知道，认识像马克这样的人是很荣幸的。几年来，他一直是公司里的核心人物，不但性情温文尔雅，职业技能也堪称典范。他工作出色，但这绝不是为谋求个人荣誉，他只是喜欢自己的工作，想把工作做到最好。

现在，他就要奔赴一个难得的新工作岗位了。这个工作机会听起来是个百年一遇的良机。当然，我们由衷地为他感到高兴，但向一位挚友、一个值得信赖的同事挥手道别又绝非易事。

生活向我们抛来这样的曲线球自有其道理。就在我们刚刚熟悉了某人、某地或某种情形时，生活就会发生变化，一改和谐的局面。这就像一个极好的邻居搬走了；家中的一个孩子从学校毕业了，而另一个结了婚，找寻到了爱情和忠诚；家里的顶梁柱失业了，等等。

我们的心态是否平和，我们过得是否幸福，对生活是否满足，在很大程度上取决于我们应对变化和分离的能力。

然而，我们该如何应对呢？多少年来，哲学家们一直都在考虑这个问题，他们的回答也不尽相同。《圣经》中《传道书》的作者认为：要想舒坦无忧，就得记住“万物都有定期，凡事都有定时”。卡里·纪伯伦鼓励他的倾听者：“今天，让我们用回忆拥抱过去，用期盼迎接未来吧。”

我有一个朋友在政府部门工作，他常常提醒同僚：“生存能力取决于适应力。”加利福尼亚州的冲浪高手克里斯也曾告诉过我：解决生活中所遇到的种种困难的方法，可以用四个字来概括，即“顺流而行”。

克里斯解释说：“这就像冲浪——你无法控制波涛汹涌的大海，只能乘浪而行。当然，你总希望波浪按照自己的心意来，但很多时候，来什么样的浪，你就得赶什么样的浪。”

对于克里斯的这席话，我虽不完全赞同，但我想，他认为生活是由一连串的事件构成——有好也有坏。不论你处理问题的能力有多高，总有些影响生活的因素是你无法控制的。真正有成就的人总会对意料之外的事做好准备，并随时准备调整——要知道，生活总是需要不断调整的。

我们会想念马克，就像你会想念那个邻居、那个毕业的孩子或新郎（新娘）一样。但是，与其沉湎于分离的悲伤中，还不如寄希望于一个更加光明的未来——为他，也为我们自己。这样，我们就会走出悲伤的阴影，全力以赴地去实现美好的明天。

美妙感觉

文_丹尼斯·斯科菲尔德

“条理”是我最喜欢讨论的话题，这是显而易见的事情。但是，我为什么会对这样一个无聊的话题感兴趣呢？让我解释给大家听。

在我们家，做什么事的回报往往是消极的，也就是说，当我把事情做得很完美时，几乎听不到赞扬；然而，一旦事情没做好，就会听到很多抱怨！这听起来是不是很熟悉呢？

我蹲在地上，花了几个小时把冰箱清理干净，却从不记得听到有任何一个人说：“哎呀，妈妈，冰箱可真干净呀！”我也从来没听人说过：“我今天早上真高兴，衬衫上的扣子没掉一颗！”或者，“噢，亲爱的，你把床铺好了！”然而，如果衣服上丢了一颗扣子，地板黏糊糊的，或者没把床铺好，我就会听到抱怨的话。有时，大家似乎有一个错误的共识：缝纫机、拖把和衣橱是专属于我的。（现在，我正在努力改变这种观念。）

或许，你已经注意到了，做家务活就像是把水注进筛子——菲利斯·迪勒作了一个恰到好处的概括：“在孩子小的时候，打扫房间就像下雪的时候扫雪。”

没有人会记住你做得好的时候，然而每个人都会记住你做得不好的时候，我们每天都要面对这些负面回报。也许你已经注意到了，人们在家中享受不到多少荣耀，我们在家中很少能够得到赞赏或鼓励（母亲节和父亲节除外）。一年中，在母亲节和父亲节以外的日子，我忠实的拥护者们都到哪里去了？哎呀，我擦干净的冰箱被他们溅上了牛奶，他们把口香糖包装纸丢进了自己放袜子的抽屉，此外，他们还自愿为下次家长会（常常就是在当天晚上举行）提供400个纸托蛋糕。所以，我们会得出这样的结论：“有条理的生活最好留给那些没有孩子、单身或者心脏承受能力强的父母！”

所有这些促使我要向大家说一说，为什么把事情做得有条有理会令人感到兴奋。当你把壁橱、碗橱或者抽屉整理得很整齐时，那些整整齐齐的地方似乎会对你说：“干得好！坚持下去！”这是多么大的动力呀！能够听到那些称赞的话语，感觉真是好极了，因为在家中你只有十分之一的机会听到这样的赞扬。

我每天都能够收到来自全国各个地方的来信，而且每天都会收到一封这样的信：“我今天收拾了自己的壁橱，没过五分钟我就会走到它跟前，只是为了看看它！”

条理会让人产生美好的感觉，这种感觉会流淌到你的性格中，从而改善你对生活的整体看法。你会从有条理的生活中获得宽慰感，它能大大地减轻你的压力，把你从绝望中拯救出来。

我仍然记得自己第一次注意到“美妙感觉”这个词，那是一家银行为了吸收储蓄和贷款客户而作的宣传。从那以后，我注意到了广播中有许多相似的宣传：“我们拥有了，我们完全拥有了美好的感觉”，“我们将美好的事物赋予生活”，“有一种美妙的感觉蕴藏于牛奶之中”，“万事达信用卡会员组织让你的世界变得更美好”。甚至，当一只狗吃了高蛋白食物，都会兴高采烈地在院子里跑来跑去。

现在，“美妙感觉”为每个人带来了好处，我也正在免费为你提供这种感觉，你需要的只是一些思考的时间和一些循规蹈矩的工作。

克里斯多夫·罗宾（来自艾伦·亚历山大·米尔恩的《小熊维尼》）作出了最恰当的评价：“在你做事情之前，你就应该做到有条理。这样一来，你在做事情的时候，才不会把事情搞得乱糟糟的。”

如果你希望与孩子们一起过有条理的生活，你就能够做到。请大家紧紧地跟随我，我们一起努力，平稳、系统地向着解放的道路缓缓前行。

喜欢你自己

文_丽萃

爱自己是件很困难的事，这真是一种很奇怪的现象！或许有人以为这是世界上最容易的事，因为我们始终都在关心自己。我们总对能获得多少，表现多好，如何舒适地生活怀有极大的兴趣。那为何真正地爱自己就那么难呢？

当然，爱自己并不意味着放纵自己。很多人都没有真正地爱过自己，他们知道，很多东西并不是自己渴望就能得到。每个人都有很多想法，有不同反应和好恶。他们会认为：没有这些，他们会更快乐。当一个人肯定自己某些方面而厌恶其他方面时，他就做出了判断。于是，我们对自身不满的方面被压制下去，不想去了解，也不想承认它的存在。这是非常有碍自己成长的方式。

讨厌自己看似消极的一面也是一种愚蠢的做法。每次这种消极面出现的时候都要自责，从而使事情变得更为糟糕，恐惧和挑衅也随之而来。若你想以一种平和的方式对待自己，装作消极方面——争强好胜、脾气暴躁、自负享乐等倾向都不存在，那是没有裨益的。若我们如此伪装自己，那就与现实相去甚远，也就人为地把自己割裂了。这样的人即使是健全的，给我们的外表印象也未必真实。我们都曾遇到过这样的人，外表甜美得不切实际，因为那是经过伪装和压制的。自责并不奏效。这两种情况下人们都把自己的反应传达给别人。有些人指责他人真实或虚幻的缺点，甚至有时不把他们当做普通人。每个人都生活在一个虚幻的世界里，这是由自负导致的，特别不真实。因为这里的一切要么太完美，要么太糟糕。

唯一真实的是我们的心间藏有六个根源——三个善良的，三个邪恶的。后者是贪婪、憎恶和幻觉，与此同时，我们也拥有慷慨、仁慈和智慧。我们试着关注下面这件事：如果一个人察觉到了这一点，并不因此而焦虑，那么他就可以接受人人都有这六个根源的事实。当他发现自己身上也有这些根源时，再接受这一事实便很容易。这些是我们个人行为的内在根源。之后，我们会更客观地看待自己，既不因有不健康的根源而自责，也不因有健康的根源而骄傲，而是欣然接受它们现存的方式。我们也可以更确定地接受别人，与他人相处得更轻松融洽。

我们不再受失望的折磨，也不再自责，因为我们不会生活在仅有黑白两种色彩的世界中，即好或坏任意一方的三个根源。任何地方都不存在这样的世界，只有阿罗汉是唯一完美的人。事实上，这只不过是程度问题。这个程度调整得近乎完美，以至使我们每个人心中好坏相区别的程度细微到可以忽略。培养善根，摒弃恶根，是人类的共同任务。

显然，我们每个人各有不同。这也是一种幻觉。我们都面临相同的难题，也有相同的应对措施。受训练时间的长短不同是我们的唯一区别。或许持续较久的训练，让我们更明白罢了。

净化了的感情能使思维更清晰，这是一项有待达到却又很难达到的境界。只有当一个人感情清晰明确直率，才有望实现。当确定要那么做时，就把针刺拔除。认为自己完美无缺或一无是处，就不可能实现。我们既非完美无缺也非一无是处，每个人集潜能和障碍于一身。如果一个人可以爱有某些才能倾向的“我”，那他也可以切实、有效而有益地爱他人。但如果将这两部分割裂开，只爱好的部分，而讨厌坏的部分，那他永远不会拥有现实。

如果我们以那种方式看待自己，也就学会了用健康的方式爱自己。“就像危难之时，母亲关爱和保护自己的孩子那样”，做你自己的母亲！如果我们想与自己建立一种真实的、有利于成长的关系，那我们需要成为自己的母亲。明智的母亲能辨别对孩子有益和有害的事物。但当孩子行为不端时，她还是会情不自禁地去爱他。这是待己方面特别要注意的问题。人们时常都会有思想和言行不端之时，思想上最为常见，其次是言语上，再次是行为上。我们应对此采取什么措施呢？一位母亲又会怎么做呢？她会告诉孩子别再那么做，并仍会和从前一样爱他，继续养育他。我们也可以这样对待自己，或许我们也便开始养育自己。

这个训练的过程也是一个成熟的过程。成熟是一种与年龄无关的智慧。如果它们之间有关联，那么事情就会很简单了，一个人的成熟就有了保障——到了一定年龄他必然会走向成熟。因为这是一份艰难的工作，一项有待完成的工作。首先要会识别，然后学着不再怨天尤人，而是以理解的心面对一切，确信“事情本应如此”；第三步才是改变。对多数人来说，识别是最困难的一步，认清自己并非易事。这是沉思最重要也最有趣的方面。

我们过着沉思的生活，但并不是说我们要终日静坐沉思。沉思的生活是指我们要把生活中发生的一切都看成学习经验的资源。无论在什么情况下都应养成自省的习惯。当你外出时，你就带着自己的思想和言行融入了这个世界。一个人需时常追忆往事并在内心细细品味。对于我们来说，这就是沉思与生活方式的结合。沉思的生活存于一个人的内心，不管是否有回忆的介入，他都可以做几件相同的事。沉思是自省最重要的一个方面，但整日无所事事，坐观自己的呼吸并无必要。每一举动、每一思想甚至每句话都能给你灵感，让你更能理解自己。

对待自己的这种行为能给内心带来一种根植于现实的安全感。多数人都渴望这种安全，但却不能确切地表达出这种渴望。生活在虚幻中，持续的希望和恐惧是与拥有坚强的意志相悖的。当一个人看到了自己内心的真实，同时也看到了其他人心中的真实，并与之达成谅解时，安全感便随之而来。

沉思的生活通常很繁忙。某种乐趣的缺乏可以通过与人友好相处进行弥补，可往往事与愿违。我们应培养一种轻松愉快的心境，但是只限于内心。没有什么事情值得担心和恐惧的，也没有什么事情是非常困难的。因此我们应以轻松的心情去面对自己和他人遭遇的困难，但切勿过于外露。做一个内敛的人，怀有些许的愉悦心情，这样会达到更好的效果。如果一个人在对待自己时有幽默感，就很容易正确地爱自己，同样也更容易地爱他人。

有时我们以为可以美化自己，那是不可能的。人们总是希望展现给别人的自己比真实的更完美。当然，当实现不了时，就会对自己和他人都感到失望。只有真实地了解自己才能真正地爱自己。这种感觉给了我们参与的工作所需要的轻松心态。接受真实的自己和他人，我们的净化工作——祛除心灵的杂质，才会更容易。

点燃目标的希望之火

文_布朗·兰登

希望终究是希望，唯一的作用不过是使你产生更多新的希望。欲望则是灵魂的心声，它会要求并督促你采取行动。希望只是徘徊，希望其他事物让你愿望成真。而欲望则不断发展。它勇于伸展，热情万丈，注定要转化为现实。

请注意以下这些事实：欲望源于你内心完美的思想，它是你心中燃起的一团火焰。有时，这团火焰会很暗淡，甚至彻底熄灭；有时，它会转变成一团熊熊燃烧的烈火，甚至激励你采取行动。如果我们不能将欲望与行动结合在一起，内心的那团烈火就会熄灭，你的欲望永远不会成真。当你因为从前的失败而感到气馁，致使心中的欲望之火变得黯淡时，你该怎样做呢？让自己的感受与情绪重新点燃你内心的欲望之火！你的思想根本没有作用，它们就像潮湿的木头和被水浸湿的沙子一样。内心单纯的思考和想法，只会使火焰更加暗淡无光。

这一点是现实而又不能随便忽视的——过去失败的经历会使你产生一种挫败感，使你无法燃起心中的欲望，或者刚刚燃起的欲望之火由于害怕失败而变得越来越弱。点燃你内心的欲望之火，你的梦想才能成真。将你真实的情感融入你内心的烈焰中吧！

假设你是一个女人，你是否渴望变得像玫瑰花一样娇艳呢？在头脑中想象出玫瑰花的颜色吧！想象被这种颜色所包围带给你的快乐吧！如果你的脸庞像玫瑰花一样红润，那将会是多么美好的事情啊！再次默默地想象着玫瑰花的颜色，想象着玫瑰花的芬芳，想象着你的衣服上洒满了玫瑰香水，感受着衣服质地的柔顺。总之，尽情陶醉吧！难道你就不想将强烈的欲望转化为现实吗？没错，这种强烈的欲望会激励你采取正确的方法来获得你想要的一切。

假设你是一个年轻俊美的少年，你就不渴望拥有一套合体的衣服吗？点燃你内心强烈的欲望吧。想象它的颜色、款式、质地，以及你穿上衣服的样子；想象着穿着这套衣服与女友约会时的浪漫；想象穿着这件衣服去见母亲的骄傲，或是穿着这件衣服到办公室的满足感……总之，肆意地想象穿着这套衣服之后的场景。难道你不想做些什么来使自己获得这套衣服吗？难道你不想靠着欲望的指引，用正确的方法来获得这套衣服吗？

有没有你期盼已久的职位？想象一下收入丰厚的职位所带来的喜悦。想象着收获的欢欣；想象着自己在不断进步；想象着自己得到这份工作后的愉悦心情。总之，无拘无束地想象你得到这个职位后的快乐心情，以及它对你的影响，而不仅仅只是停留在思考和许愿上。你便会迈出脚步，让梦想成真。

生活的真谛

文_华尔思

生活不是积分。

你有多少朋友或你受大家欢迎的程度与它无关。

这个周末你是佳人有约还是独自度过与它无关。

你现在正与谁约会，你曾经与谁约会，又与多少人约会，或者你有没有与谁约会，都与它无关。

你曾吻过谁，与它无关。

它也与两性问题无关。

它不是关于谁是你的家人，他们有多少钱。

或者你开哪种车。

你在哪儿上学。

你有多漂亮或多丑陋与它无关。

你穿什么样的衣服，有什么样的鞋子，听哪种类型的音乐，都与它无关。

你的头发是金色、红色、黑色或者棕色，或者你的肤色太白还是太黑，都与它无关。

你得了多少分，你有多聪明，别人认为你有多聪明，或者智力标准测试告诉你有多聪明，与它无关。

它不是把你各方面的情况写在一张纸上，然后看谁会“接受书面上的你”，它不是这样。

生活是你爱谁和你伤害了谁的问题。

是关于你故意逗谁开心或惹谁生气的问题。

是关于遵守诺言或者背信弃义的问题。

是关于友谊，把友谊当做一种圣洁还是利用的武器的问题。

是关于你所说的及其用意，也许使人痛苦，也许振奋人心的问题。

是关于散布谣言和捏造谈资。

是关于你做出的判断及其原由，还有，你对谁做出的判断。

是关于你对谁带着绝对控制和某些意图的忽视。

是关于嫉妒、恐惧、愚昧和报复。

是关于内心深处的恨和爱、释怀和蔓延。

最重要的是，它是关于你的生活使他人的心灵受到触动还是毒害，这样你的心不再独自悲欢。

只要你选择了触动他人的心灵，这些选择便是生活的全部。

懂自己，才能想未来

文_布鲁斯

在一个人的一生中，与自己相处和打交道最多的人就是自己，而最不了解自己的人恰恰也是自己。

人生得意时，我们常会高估自己。你所追求的好像都在触手可及的范围内。好运与机遇都出现在你的生命旅程中，你狂喜不已。它们成了你自身价值的一部分。人生失意时，我们常会低估自己，错将困难与不幸归为自己的无能。你认为明白自己的处境，与世无争才是明智之举。这样，你实际上是给自己蒙上了怯懦的面具，并在此后的生命流动中延续。

彻底地了解自己，就是正确地认识自己，做一个冷静的现实主义者。也许，你在充满希望地期待未来，但是，一定不要期望值过高，因为理想或许永远不会彻底实现。也许，你能勇敢地去面对挑战，但是，你应当清楚自己努力的目标在哪里。也就是说，只要你对自己有了正确的认识，那么一切困难都可以克服，任何障碍都能逾越。

要透彻地了解自己，首先要懂得自我欣赏。无论你觉得自己是高耸入云的大树，还是弱不禁风的小草；不管你觉得自己是座高山，还是块石子，你都象征着自然界的一种状态，都有自己的价值。你若能真诚地欣赏自己，就能获得自信细胞，获得自我欣赏的真实判断力，一旦拥有充足的自信，你就能与任何不幸抗争。

要透彻地了解自己，也需要适当地关心自己。气愤时，在宁静的地方放松一下心情，以免被火气的锋芒烫伤；悲伤时，向朋友倾诉一下，让忧郁的心情欢快起来；疲倦时，美美地睡上一觉，或者给自己一些奖励。让自己明白，关心自己的身心健康与日常生活息息相关。同样也要明白，一个人所拥有的身体，不过是人的肉体，暴露着就容易受伤害。因此，如果生病了，照顾好自己。除非你很清楚地了解什么时候、怎样关爱自己，否则，你将没有信心与充足的准备去抵抗病魔的袭击。

透彻地了解自己，是对自己生命的完全掌控。如此，你会发现生命中充满了色彩和芬芳。

人生从跟对人开始

文_厄尔·南丁格尔

95%的人从来没有成功过，只因为他们选择了错误的跟从对象。

毛虫排着长长的队伍爬行着，一个接着一个。法国昆虫学家吉恩·亨利·法布尔曾引导一支毛虫队伍来到一个大花盆的边沿上．领队的毛虫追上了队尾的那只，首尾相接，形成了一个圆圈。

完全出于习惯，当然还有本能的因素，这支队伍绕着花盆爬行了七天七夜，最后筋疲力尽，饥饿而死。其实在它们附近就有充足的食物，而且这些食物显而易见，只不过它们被放在了毛虫的圈外。毛虫就这样一直沿着错误的路线爬行下去。

人类也经常这样行事。当做事习惯与思考方式已经形成时，人们更容易遵循惯有的方式，而不是创新，即使这种改变可能意味着自由、功绩和成功。

如果有人喊“着火了”，人们就会无意识地、盲目地跟着人群跑，很多人因此而白白丧生。有多少人停下来问问自己：这个方法真的是逃生的最佳方案吗？

太多人因为轻率地跟从而“错失了良机”，跟从总是比独立思考与验证更容易、更让人安心。这些人对于领头的那个人的能力和资格丝毫没有质疑。

大多数人都难以理解，有如此多的人都会犯下这样的错误，就像在花盆上转了一圈又一圈的毛虫们，食物和生存的希望近在咫尺，最后还是被活活饿死。人们认为，如果大多数人都是这样生活的，那么这种生活方式就一定是正确的。但是，只需稍加验证便会发现，在整个历史长河中，大部分人对于许多事情的判断都是错误的，尤其是在一些重要的事情上。曾经，我们认为地球是方的，后来我们又认为太阳、星星和其他的行星都是围绕地球旋转的。

现在，人们认为这两个观点荒谬至极，但是在当时，人们都相信这是正确的，都支持它们。在后来的历史中，我们就像是那些盲目追随的毛虫，而不是跳出队伍寻求真理的人。

只有小部分的人曾经真正领悟生活的真谛，成功而精彩地生存。生活中重要领域的成功得来艰难，绝不比任何方面——弹奏乐器、体育运动、钓鱼、打网球、打高尔夫、经商、结婚或为人父母的成功来得容易，这实在令人难以理解。

但是，大多数人消极地等待成功自己到来——就像毛虫们首尾相连，一圈一圈地爬行着等待食物送上门来一样——默默地按照别人的生活方式生活着，默默地认为他人懂得如何成功生活。

不时地跳出常规路线，观望一下这条路是不是通向目的地，这是个很不错的主意。如果不是，或许现在还来得及选择一个新的向导、新的方向。

树立积极的目标才能成功

文_博伊德

2005年1月31日，为了获取崔光道现代武术资格证书，我们武术学校的两名学生参加了测试。

崔光道武术集自卫、健康和成功于一体，由崔光道大师于1987年创立。崔光道现居住于佐治亚的亚特兰大。

米克参加的是黑带测试，而尼基参加的是二级黑带测试。

为实现各自的目标，他们都接受了多年的艰苦训练。他们通过了一级又一级的级别考试，终于接近到最高级别，并准备跨上一个更高的层次。

他们制定目标，每一个或两个月就要通过更高级别的小测试。通过级别考试后的奖励以及对于失败的恐惧也鼓舞着他们不断前进。

一条接一条地拿到普通武术学校的段级标志带，是激励学员们不断进步的强大动力。

在实现自己目标的路上，米克和尼基是每一位学员的榜样。

圣诞节过后，他们进入到大考的训练中。训练中，他们要将所有的事情都抛至脑后，只需要知道有关大考的事情。

所有对考试有用的课程，米克与尼基都会去参加，并把大部分的精力都集中在测试大纲上。顶级教练约翰也花费很多时间给他们讲授比赛知识，给他们提供帮助。

在真正的考试中，米克和尼基都表现得很平静，但是获胜的信心很坚定。

比赛中，米克在用手部比较柔弱的部位击打目标的手套或衬垫靶子时，不慎造成小指脱臼。

脱臼的小指鼓了起来，人们惊慌地屏住了呼吸。然而，米克是那样专心地要拿到胜利的黑带，以至于他没有片刻犹豫。米克跑到我的面前，伸出那只手对我说：

“试一下。”

我同他人一样，被受伤的小手指弄得胆战心惊，但是在他对我的信任的影响下，我还是拉过他的手，将小手指猛地向外拉出四分之一英寸，然后，他放开了我的手。

幸好，他的手指复位了，于是，他毫不犹豫地回到了比赛中。另外两名黑带级选手细心地将他受伤的小指与无名指绑在一起，这样再次伤到它的可能性就降低了。

测试结束时，米克和尼基都已精疲力竭，但是实现目标的决心与期望支撑着他们坚持到最后。

他们的同学也一直在鼓励他们。当他们拿到第一条和第二条黑带时，同学们开心地站起来为他们欢呼。

崔光道现代武术的第一条训言是："树立明确的目标，并努力实现。"

米克与尼基都实现了自己的目标，他们首先拥有了要拿到赫赫有名的黑带的热切渴望，而尼基是要获得二级黑带的殊荣。

因此，他们的回报是这样得来的：

对自己的渴望有清醒的认识；

拥有实现目标的信心；

为自己的目标设定期限；

正规的训练和测试逐步增强了自己的动力与信心；

在他人的帮助以及自己的努力下，为测试做了长时间的准备；

抛开杂念，一心想着需要知道的事情，一心去做需要做的事情；

有坚定的决心，无论发生什么事，都决心坚持下去；

有朋友和教练的支持与鼓励。

这些当然也能够应用到生活里任何目标的奋斗中。崔光道现代武术的第一条训言（前面提到的）为每一个人，无论他是否习武，提出了一项艰巨的任务。

“树立明确目标，并努力实现。”

我在时光深处等你

暮年之时

文_伯特兰·罗素

从心理学上来讲，在老年时期要防止这样两种危险。第一是过分沉湎于过去。生活在过去之中，为流逝的好时光而后悔，或因朋友作古而痛苦，这些都是没有什么用处的。人的思想应该朝着未来，朝着还可以有所作为的方面。这并不是容易做到的，因为一个人的过去是一份不断加重的负担。老年人很容易认为过去的情感比现在鲜活生动，过去的思想比现在敏锐。如果事情真是这样，就不要想它了，不想这件事，就不会觉得自己真的老了。

另外一件要避免的事情是过于依附年轻人，渴望从他们的活力中汲取力量。当你的孩子们已经长大，他们就要过属于自己的生活，如果你还是像小时候那样对他们关心备至，就可能成为他们的负担，除非他们感情麻木无情。

我并不是说应该对他们不闻不问，而是说你所给予的关心应是理性的、慷慨的（如果可能的话），而不是过于感情用事。动物在自己的后代能够生活自理时，就不再给予照顾，可是人类，对子女的爱经常停留在孩子的幼年时期，很难做到这一点。

我觉得一个人能做到对合适的活动兴趣盎然，不理会自己的个人得失，那么，他就很容易享有成功的晚年，因为长期以来积累的经验在此可以结出累累硕果，而通过经验产生的智慧在这个时候既有用武之地，又不至于咄咄逼人。让已经长大成人的孩子不要犯错误是没有用处的，因为他们不会信任你，也因为犯错误是接受教育的不可缺少的一环。如果你做不到不计个人得失，那么，不将你的心放在儿孙后辈身上，你便会觉得生活空虚无聊。如果是这样，你必须知道：尽管你还能给他们物质上的帮助，诸如给点儿补贴或织几件毛衣，但千万不要指望他们会喜欢跟你在一起。

有些老人被死亡的恐惧所困扰。假如年轻人有这种恐惧，那是没有什么可说的。年轻人有理由害怕战死在战场上；当他们想到被骗走了生命所能赋予的美好生活时，他们有理由表示不满。但对于一个尝尽人间疾苦，已经完成该做的一切的老年人来讲，怕死就有点儿不大好了。

克服这种恐惧的最好办法是——至少在我看来是这样的——使你的爱好逐渐扩大，越来越超出个人的范围，一点一点地融入周围人的生活中。你的生命将越来越和人类的生命融合在一起。一个人的一生应该像一条河——开始水流很小，被两岸紧紧地束缚着，激烈地冲过岩石和瀑布，渐渐地它变宽了，两岸退却了，河水静静地流着，最后，看不见任何停留，就和大海汇合在一起，毫无痛苦地失去它自身的存在。一个在老年能这样对待生活的人，将不会感到死亡的恐惧，因为他所关心的事物将继续下去。假如由于生命力的减退，倦意日增，那么产生安息的想法未必不是一件好事。我希望我能死于工作之时，并且在我快死的时候，知道别人将继续做我不能再做的工作，我便能为自己已完成力所能及的一切而心满意足。

致年轻人

文_伊恩

得知人们希望我在这里讲几句时，我问他们我该讲些什么。他们说，希望我讲些适合年轻人的东西——一些有教诲性、能教育人的东西，或是一些好的建议。这太好了！我倒是一直想给年轻人提点儿建议呢，因为人在年轻时期，好的建议极易在心底扎根，并能终身受用。那么，首先，年轻朋友们——我要真诚地告诫你们——

一定要听父母的话。从长远来讲，这是最聪明的做法，如果你不听话，他们就会逼着你听话。大多数父母认为他们知道的比你们多，在这种情况下，与其自行其是，倒不如迎合他们的想法，这样你会收获更多。

如果你有上级的话，请尊重他们，对陌生人和他人也是如此。如果某个人得罪了你，而你不知道他是否是故意的，那就不要采取极端做法，而是要等待时机，给他当头一棒，这就够了。如果发现他并非有意伤害你，那么，你就应该站出来，承认教训他的事，要像一个男子汉一样承认错误，并说明自己并非有意。还有就是，切勿使用暴力，在和平友好的年代，暴力已经过时。让我们谴责这些低俗的举止，粉碎暴力吧！

早睡早起——这是十分明智的。有些人主动起床，也有些人被迫起床。当然，在百灵鸟的歌声中起床最惬意不过了。当人们都知道你与百灵鸟同迎清晨时，你便会备受称赞；如果你得到一只中意的百灵鸟，并以正确的方式训练它，让他九点半，甚至是任何时候起床就不是件难事了——当然，这并不是说要耍诡计。

现在，我们来谈谈说谎吧。要说谎，就得小心谨慎，否则很容易穿帮。一旦被揭穿，别人就不再认为你是善良和纯洁的了，你在别人眼中就不是从前的你了。很多年轻人就因为一个拙劣的谎言永远地伤害了自己，原因在于他们不够谨慎且缺乏经验。有些人认为，年轻人不能撒谎。当然，这有些偏激。我不会这么偏激，而且我认为我是有道理的。我认为，年轻人应适当运用这门伟大的艺术，通过训练和实践，他们将变得自信、优雅和精确，恰恰是这些可以使他们完美出色地达到目标。耐心、勤奋和对细节的认真揣摩，都是年轻人必须具备的条件。随着时间的流逝，这些要素将会使你们臻于完美，而你们也只有仰仗这些要素，才能成就日后的辉煌。想想那位无可匹敌的大师吧，多年沉闷乏味的学习、思考、实践和练习才使他得以在世人面前说出这样的经典语句——“真理有着巨大的力量，并将战胜一切。”——这是最伟大的悖论，是凡人所能达到的最高境界。历史和个人的经历都深刻地表明：真理易被推翻，但绝妙的谎言永远颠扑不破。波士顿立有一座纪念麻醉术发明者的纪念碑。后来，很多人发现，这个人根本不是麻醉术的发明者，他不过是窃取了他人的成果。真理的力量真的很强大吗？它能战胜一切吗？哦，不，朋友们，制作那座纪念碑的材料固然很坚固，但它所承载的谎言将比纪念碑本身还要久一百万年。笨拙、无说服力和漏洞百出的谎言是你应当通过不断学习去避免的，这样的谎言还不及一般真理长久。为什么呢？你还是说出真相吧，现在就说。一个没有说服力、可笑、荒谬的谎言不会持续两年——除非它是对某人的诽谤。当然，这样的谎言牢不可破，但对你的名誉没有什么好处。一句话：尽早练习这门高尚而美丽的艺术吧——现在就开始。要是我当年入门早，现在就已经学会了。

不要随便玩弄枪械。年轻人因为无知或不小心摆弄枪械而造成痛苦和伤害的例子太多了！我避暑的农舍隔壁住着一位满头银发、和蔼可亲的老奶奶，她可以说是世界上最可亲的老人家之一了。就在四天前，她正在干活，她的小孙子蹑手蹑脚地溜了进来，还拿着一支陈旧扭曲、锈迹斑斑的枪，这支枪好多年没用了，大家都以为里边没装子弹。孙子用枪指着她，笑着威胁她，她十分害怕，惊叫着跑开，躲到门的另一侧求饶。但当她从他身边走过时，他几乎用枪顶着她的胸膛，并且扣动了扳机！他以为枪膛里没子弹，的确——枪里确实没子弹，所以并没有造成什么伤害。这是我听过的唯一例外，因此，同样的，不要去碰没有装子弹的枪。枪是人类制造出的最精确的杀人工具，不要在上面浪费精力，不要给枪装支架，不要装瞄准器，甚至不要去瞄准，绝对不要，你只要拿起一样类似的东西并且“乒乒”两下，保证你会击中目标。一个在四十五分钟之内都无法用加特林击中三十码开外的教堂的年轻人，可能会用一支破旧的没装子弹的枪在一百码处次次击中他的奶奶。想想看，如果滑铁卢战役中的一方是拿着没装子弹的枪的孩子们，另一方是他们的女性亲戚，结果会如何呢？只要想想，就会让人不寒而栗。

书籍名目繁多，但只有好书才适合年轻人阅读。请记住，好书能让你不断完善自身，这种作用强大、不可估量且难以捉摸。因此，年轻的朋友们，请谨慎选择你们的读物，要十分谨慎。你们应该专门读诸如罗伯逊的《道德启示录》、巴克斯特的《圣徒的安息》和《傻瓜出国记》之类的作品。

我说得已经够多了。我希望你们能珍惜这些建议，让它们成为你们的向导，点燃你们思想的火花。按照这些建议去培养自己的性格吧，慢慢地，一旦你塑造好了，就会惊讶而欣慰地发现，自己和他人是如此相似。

你的房子里有什么

文_卡里·纪伯伦

在你们打算在城里建房子之前，先用你们的想象力在旷野里建一座凉亭。因为你们在迟暮之年回归家园时，那在远方孤单漂泊的心也会归来。

房屋是你们更大的躯壳，它在阳光下成长，在夜的寂静中安歇，而它并非没有梦想。难道你们的房子没有梦吗？它们不正梦想着远离都市，前往林中或山间吗？

我愿将你们的房子聚集在手中，像播种般将它们撒向森林和草地。

我愿山谷成为你们的街道，绿径成为你们的小巷，这样你们就可以穿过葡萄园彼此寻访，衣上带着泥土的芳香归来。

然而这尚未实现。

因为恐惧，先辈将你们紧密地聚集在一起，如今这恐惧依旧持续着，城墙依旧阻隔着你们的家庭和土地。

告诉我，奥菲里斯城的人们，你们房子里有什么？你们大门紧闭，是在守护什么？

你们拥有安宁吗？——那足以在沉静的驱动下显出强大力量的平安？

你们拥有回忆吗？——那跨越意志巅峰的依稀闪烁的拱门？

你们拥有美吗？——那将心灵从木石所在之地引向圣山的向导？

告诉我，你们的房子是否拥有这些？或者，其中只有安逸和追求安逸的热望——这鬼祟之物进来做客，却反客为主，成为统帅？

唉，它又化做驯兽师，用铁钩和皮鞭使你们更强烈的欲望变做傀儡。尽管它的手细腻如丝，它的心却坚硬如铁；它哄你们入睡，只为站在你们床边讥嘲肉体的尊严；它嘲笑你们健全的感官，置它们于易碎的容器之下。事实上，对安逸的欲望扼杀了灵魂的激情，而它还在葬礼上咧嘴大笑。

但你们，苍穹之子，只有在安逸中时刻警醒，才不会被诱惑或驯化。

你们的房子不是锚，而是桅。它不是掩饰伤口的亮光薄膜，而应是保护眼睛的眼睑。你们不应只为穿过房门而敛起羽翼，不应因怕撞到天花板而低下头颅，也不应因担心墙壁破裂坍塌而屏住呼吸。

不应住在死者为生者筑造的坟墓中。尽管你们的宅邸富丽堂皇，但无法隐藏你们的秘密，无法遮蔽你们的渴望。

因为那以晨雾为门、以黑夜的歌声和静谧为窗的——你们无限的潜能，仍逗留在苍穹中。

铭记微笑的力量

文_切斯特

我把选购的商品放在传送带上，慢慢地，我的东西移向收银员。

收银员很疲倦，我从她的脸上就看出来了。她换班的时间要到了，毫无疑问，她已经站在那里摁了一天的收银机。我知道，收银机全部是电脑化处理的，不再响铃了。要知道，我做收银员那会儿，收银机还是响铃的呢。

我两岁的儿子乔斯和我在一起。

收银员强打精神做着她的工作。

隔着传送带，乔斯站在她面前，他矮小的身材离传送带的顶部还有几英尺。我不知道是什么使他离开我，站在收银员的面前。有时候，孩子更多的是依靠本能活动，而不是逻辑思维。

他仰着头站在那里，收银员似乎感觉到了什么。

她低头看看。“哦，我的天哪，看看这微笑！”她惊叫道。

她发生了转变，疲倦和阴郁一下子消失得无影无踪，看上去就像刚开始工作一样神采奕奕。

乔斯依旧站在那里，微笑着，收银员的状态也很好。

我知道，那不是一个孩子的力量，而是一个纯真微笑的力量。

记住，你也拥有这样的力量。

每天你都会遇到某个人，他疲惫、厌烦、阴郁。而对于大多数人来说，镜子中那个疲惫、厌倦、阴郁的人正是他们自己。

即便是在镜子里，微笑的力量也依然会产生效力。

在你微笑的时候，你面部的肌肉刺激大脑中的某一特定腺体收缩，在大脑中分泌激素来减轻压力的效用，产生一种轻微的快感。

马上放声开怀大笑吧，看看你的大脑中是否也存在这样的腺体。

我们走出超市的时候，收银员依旧喜气洋洋。

乔斯一句话也没有说，他只是微笑。

每天当你遇到疲惫的人时，请想起乔斯吧。请记住，有人需要微笑。

有些事不必太认真

文_威廉姆斯

下面这句似是而非的忠告，我从孩提时就印在脑海中，人们总是对我说："如果一件事情值得去做，那么，就应该好好去做。"

从没有哪一个谬论让人们如此热衷。因为世界上有很多事情都值得去做，但并不是事事都应该好好去做。伟大的哲人赫伯特·斯宾塞曾对刚在台球桌上战胜他的年轻人说："先生，一般球技表现为：好的眼力和稳定的手法，但从你的球技上看，你浪费了很多时间。"是否每一种游戏都值得持之以恒地练习和应用呢?

对职业运动员，我无话可说。他们是公众表演者，和其他人一样，他们通过自己在某项特定运动中的技能，至少可以实现个人的首要社会责任——通过自己的合法劳动维持自己及家人的生活。但对于玩乐的业余爱好者，我们该怎么说呢？我认为，这些人是最应受到鄙视的。他们没有赚钱，仅仅为了自私的娱乐，就日复一日地投身于这种游戏。他们忽视了业余爱好者和专业人士之间合理的区别。最终他们为自己的技术所累，他们没做出任何对社会有价值的事情，没有垒起一块砖，没有犁过一亩地，没有写过一行文字，甚至没有通过劳动来养活家人和教育后代。

不可否定，他们为某些人提供了娱乐，但他们一直没有勇气去参加测试。在这种测试中，我们需要每一个表演者证明他的职业选择是正确的——证明公众愿意为他的表演付费。当他们的辉煌期过去以后，不要说给整个世界留下什么，他们又给自己留下了什么呢？什么也没有留下，除了很快就会被遗忘的名字。也许他们的名字会被俱乐部里矮胖的绅士记住。

的确，玩游戏是一种并不值得好好去做的事情。

但这并不是说全然不值得去做，就像前面的谚语暗示我们的一样。没有什么比玩自己喜欢的游戏更惬意和更有益的了，哪怕玩不好，也不会影响真正喜欢它的人的心情。太在乎输赢的人并不是真正的运动爱好者——这个观点不新，但它的含义并没被发掘。很少有人仅仅为了娱乐而玩游戏。为比赛而设的障碍被人们普遍接受，这不正好证明了这一点吗？为什么我们总是希望在自己的竞技能力之外额外得分呢？

“哦，但是，”我的读者也许会说，“弱一些的参赛者希望额外得分是为了促使强者有更好的表现。”但我并不这样认为。也许有时候，一个强壮但虚荣的参赛者希望给弱者额外加分，以使他的胜利更为显著。但我并不认为这是一个正确解释。前些天去参加网球锦标赛时，我就把想法说给大赛秘书听了。“为什么要设置这些无聊的障碍呢？为什么不让我们尽情发挥？”我问他。“因为，”他回答道，“如果不设置这些障碍，就没有好一点儿的玩家参赛了。”这不就是承认了我们大多数人没有意识到草草行事的真正价值，还要固执己见、自欺欺人吗？

然而，并不是只有像游戏这样的小事才可以不必那么较真。虽然很奇怪，但事实是，我们易于接受草草地做某些事情，却不能接受草草地去做另一些事情。在我们认为可以草草去做的事情中，我以演戏为例，尽管演戏同其他表演艺术一样，其价值会因其短暂性而减少，但如果达到顶峰，也可以认为是一门伟大的艺术，一件值得好好去做的事情。演戏可以影响人类多变的情感，这就是演员所创造的东西——我们所说的表演艺术家，是指能影响人类情感的有创造性的艺术家——是观众内心深处的一种印象、情感和思想，这是无法记录的。

所以，我认为，演戏可称得上是一种艺术，虽然我只是简单地拿出了我的论据。然而，是否有人因为演得不好而不让其进入业余的戏剧表演呢？从来没有！因为演戏就像我这篇短文所写的一样，是一种可以不必较真去做的事情。

另一种就是音乐。然而，虽不知为何，那句谚语在演戏上并没有得到验证，但在音乐上得到了。很多人认为如果他们不能唱出很动听的歌，不能很娴熟地弹奏钢琴或者小提琴、竖琴，那么，他们最好不要去做这些事情。我承认，他们不应该不加选择地把低劣的表演给公众或者他们的熟人看。如果在家里也不能容忍这种低劣的音乐表演，这是我不赞成的。

没什么天赋的儿女，通过简单的歌声给她们的父母或不那么挑剔的朋友带来快乐——这样的例子还少吗？然而有一天，这些小歌唱家开始因为不满足而苦恼。他们开始去学习音乐——如果他们资质平庸，性情温和——他们的不足就会暴露出来。十有八九，歌声就像一枚不值钱的硬币一样被抛在一边。有多少父亲为了鼓励女儿学歌却从此家里没有歌声呢？然而在教区音乐会上，她们可能会遭到打击。

在这里，我应该驻足观察一些奇怪的现象，有些人在画室或自家浴室从不唱歌，但在宗教集会或教堂里，他们会毫不犹豫地用那五音不全的嗓子放声高歌。我相信，对于这个问题，有一个很好很合理的解释，但这属于神学的范畴，已经超出了我的研究范围。

“如果一件事值得去做，就应该好好去做。”这该死的说法就是导致个人生活极其匮乏的原因，从某种意义上讲，它也是公众生活水平降低的原因。这条谚语对小有才能的人有两方面影响：它让资质平庸之辈再也不练习，而令资质超凡者为此付出太多，同时也将自己的思想强加给他人；它使人们疏于写作和写日记，同时也导致了本该锁在作者抽屉里的文集和日记广泛发表。

它导致了布兰克先生不去写诗——出于自娱自乐或与朋友的消遣，他可以写得很好的。同时，它也致使德茜小姐为了她那些并不成功的模仿之作（模仿德拉梅尔先生、叶芝先生和布里奇斯博士）去纠缠各个杂志社疲惫的编辑们。结果是，我们整个国家的艺术生活存在着两方面的迫切需求：更多的业余爱好者从事艺术实践，以及更高水平、更专业的艺术标准。只有达到这两个目标，我们才能获取心灵深处最美好的东西。

我认为，对我们来说，除去公民的职责，除去我们作为儿子、丈夫、父亲或者女儿、妻子、母亲的责任外，只有一件事情值得我们好好去做，值得我们全力以赴。这件事可以是写作、制造蒸汽机，也可以是砌砖块。除此之外，很多事我们都可以不必那么较真。我们的目的是为了放松自己或者触动自己的心灵，只有意识到这一点，人们才会幸福，才会满意，我们的家园才会更加美好。

我认为，有些事情草草去做可能比认真去做要好一些。比如钓鱼，其结果就是鱼儿被宰杀，一想到这些，钓鱼的乐趣就会荡然无存。当然，如果你既能钓到鱼又不去宰杀它，那就另当别论了。

快乐生活ABC

文_斯托克

“A”表示你承认并欣赏自己作为人的价值，你与生俱来便拥有自我意识、创造性的想象力、道德心、独立性、意志力和各种智能。

“B”表示相信自己，相信自己有能力开发，并利用自身的潜能，使生活更有意义。

“C”表示关爱自己与他人，关注自己对生活、学习、爱情和留下遗产的基本需求，并设身处地地为周围的人着想。

“D”表示要有远大抱负，追求那些看似无法实现的梦想，这将指引你朝某一方向前进。

“E”表示要对他人抱有同情心，理解他人的情绪和思想。

“F”表示情趣，要享受生活，享受自己所做的事和自己做事的方式。

“G”表示慷慨地将你的时间、积极的思想、善良的心和你能付出的所有都给予他人。

“H”表示幸福，要对你的生活现状和所作所为感到幸福。

“I”表示想象，要拓展你的思维，追逐梦想，寻找实现目标的途径。

“J”表示喜悦，要把喜悦带给与你邂逅的人，以及与你一起生活和工作的人。

“K”表示知识，要不断地学习，并将所学知识用于改善生活、改变社会。

“L”表示关爱，无条件地去爱，不仅要在情绪和身体上，更要在精神上给予他人关爱。

“M”表示动机、自律、自勉，同时也要激励他人进步。

“N”表示友善，即使是对陌生人也要亲切友好。

“O”表示开明，善于接纳他人、接受新思想以及荒谬却很有蛊惑力的想法。

“P”表示耐心，要控制并调整自己，耐心地与天性同步。

“Q”表示宁静，寻找宁静之地，进行内心反思，使自己活力四射。

“R”表示尊重，要尊重种族、宗教、文化、信仰等价值观的差异性。

“S”表示微笑，即使在绝望之时也要微笑面对。

“T”表示信赖，要信赖自己、亲朋好友，以及其他人。

“U”表示团结，与人和睦相处，重视家人、朋友、同事这样的统一团队。

“V”表示胜利，不管你做什么，对微不足道的胜利都要加以赞赏并庆贺。

“W”表示好奇，对人类、男人和女人以及自己和自然要满怀好奇心。

“X”表示未知因素，探求自己及他人的独特之处，发现每个人独有的制胜因素。

“Y”表示“是”，要敢于迎接所有积极的挑战和冒险。

“Z”表示生活中的热情，无论做什么事都要满怀激情。

希望这些生活中的基本要素能引导你的生活。你也可以将这些用自己的话总结，让它们对你更有意义。

输赢不是争吵出来的

文_戴尔·卡耐基

多年前，帕特里克·欧·海瑞参加了我的成人教育班。帕特文化水平不高，却很喜欢和人争论。他曾做过司机，之所以来向我求助，是因为他推销卡车没能成功。这是由一个小问题引发的——他总是不断地与客户争论而触怒他们。一旦对方对他销售的汽车稍有不满，帕特便会喋喋不休，没完没了。那段时期，帕特赢了不少场争论。正如他后来对我所说的那样："我常常走出办公室便自言自语道：'我好好地教训了他。'我确实教训了他，可我没有卖出想卖的车。"

我首先需要解决的不是教帕特如何去说话，最紧迫的是，我要帮他克制自己，避免争吵。

如今，欧·海瑞已经是纽约怀特汽车公司的销售明星。

他是如何做到的呢？让我们听听他自己是怎么说的："如果我现在向某个客户推销，而他说：'什么？怀特汽车？怀特汽车一点儿也不好。就算你白给我一辆，我也不会要的。我想买一辆胡佛牌汽车。'我就会说：'胡佛牌汽车确实是好汽车，如果你选择了那个牌子，肯定是不会错的。胡佛汽车是由知名厂家生产的，他们的销售人员也很出色。'"

“这样，他就没什么可说的了。根本没有争吵的空间。如果他说那个是最好的品牌，我随即表示认可，他就无言以对了。当我认同时，他不可能整个下午都谈论胡佛汽车的优点。当我们绕开话题时，我就会开始谈论怀特汽车的好处。”

“要是在以前，只要他一说出刚才那样的话，我就会变得暴跳如雷，一味地挑剔胡佛汽车的缺点。我越是争吵，就会越有利于胡佛汽车；而客户呢，他越是争吵，就越容易买我竞争对手的车。”

“现在回首往事，我真不知自己过去是如何推销货物的。我把自己的生命浪费在争吵之中。我现在学会了闭住嘴巴，并且从中受益匪浅。”

就像聪明的富兰克林所言：“假如你喜欢喋喋不休，争强好胜，那么你也许偶尔会赢。可是这种胜利没有什么实际意义，因为你永远获得不了对方的好感。”

所以，好好地反省一下自己。理论上虚假的胜利和一个人发自内心的好感，你会选择哪一种呢？你不可能同时拥有。

因为一笔9000美元的重要账目，个人所得税顾问弗雷德里克·佩森与一名政府税务稽查员争论了将近一个小时。佩森声称，这9000美元是呆账，根本不可能收上来，所以不应该征收所得税。而那位顽固的稽查员说：“不可能，一定要征收。”

佩森在课堂上对学生们讲述道："那位稽查员是一个骄傲、自大、顽固的人。解释根本没有作用。事实上，我们越是争吵，他就越顽固。所以，我就不再与他争吵，试着转变话题，表示理解他的工作。

"我说：'与你处理的那些极其重要且困难的事相比，这件事情根本不值一提。我只是自学了税务，而且仅仅局限于书本，而你的税务知识全凭实践而来。说实话，我十分羡慕你的工作，它可以教会我很多东西。'"

"哦。"那位稽查员直起身跟我谈了很久。关于他的工作——他告诉了我许多工作中的技巧。他的语气变得缓和了许多，后来还谈起了自己的孩子。临走时，他告诉我，他会仔细考虑一下我的问题，并在几天内给我答复。

"三天后，我在办公室里接到了他的电话。他通知我，那笔所得税不征收了。"

人性中最常见的弱点在这位稽查员的身上得到了很好的验证。他想得到被重视的感觉。所以，当佩森先生与他争吵时，他固执地展示权威来找到被重视的感觉。然而，一旦重视感得到满足，争吵停止，便会展现出他宽容、温和的一面。

成为一个健谈者

文_戴尔·卡耐基

前段时间，我去参加了一次桥牌聚会。可我不会打桥牌，刚好有一位女士也不会打，我们便一起聊天。当她得知我曾在汤姆森先生从事广播事业之前，为了帮助汤姆森准备一些有关旅行栏目的演讲内容而特意到欧洲各地去旅行时，便对我说："啊！卡耐基先生，您能不能把您游览过的名胜古迹或美景讲给我听呢？"

我们刚坐到沙发上，她便告诉我，她和她的丈夫前不久刚从非洲旅行回来。

我说："非洲！那可是一个有趣的地方！我一直梦想着能到那片土地去看看，可我只是在阿尔及尔待过24小时，便再没有去过非洲其他地方。快给我讲讲吧，你真的去过那个伟大的地方吗？是吗？多么幸运啊！我真是太羡慕你了！请告诉我一些有关非洲的情形吧！"

随后，她绘声绘色地讲了整整45分钟。她根本没再问我到过欧洲哪些地方和在异地的所见所闻。事实上，她根本不想听我讲旅行的事情，她唯一需要的不过是一个专注的倾听者，好让她借此机会讲述自己曾经到过的地方。

在日常生活中，这位女士不同寻常吗？不，很多人都是这样的。

比如，在纽约一位出版商的晚宴上，我曾经遇到了一位声名显赫的植物学家。我以前从未与植物学家交谈过，只是觉得他有极强的个人魅力。我毕恭毕敬地坐在椅子上倾听，他便滔滔不绝地介绍大麻、改良植物新品种的实验，以及布置室内花园等（他还向我讲述了许多有关廉价马铃薯的惊人事实）。我家里也有一个小型的室内花园，他耐心而友好地替我解决了我所遇到的一些疑惑。

就像我所说的，我们是在宴会上，其他十几位客人也一定在场。然而，我忽略了所有礼节上的规矩，把那些客人全部放在一边，与这位植物学家谈了几个小时。

午夜时分，我向大家告辞后，便离开了。这位植物学家找到宴会主人，对我大加赞赏，他说我是“最富激励性的人”，我有多好多好。最后，还说我是个“最有趣的健谈者”。

一个有趣的健谈者？为什么？我几乎没说什么话。如果我不选择改变话题的话，就算我想说，我也说不出什么来，因为我对植物学方面知识的了解少得可怜，就像对企鹅的解剖一样一窍不通。然而，我做了这样一件事：我专注地倾听对方讲话。而我这样做，是因为我真的对话题产生了兴趣。他也感觉到这一点，而这一点显然让他很开心。专注地倾听他人讲话，就是对他人最好的尊敬。

所以，如果你想成为一个健谈者，那么就要做一个善于倾听的人。如果你想使别人对你产生兴趣，你首先要对别人产生兴趣。提出一些他人喜欢回答的问题，激励他们谈自己，谈他们的成就。

千万不要忘记，对面那个正在与你交谈的人，对于他自身的需求，以及自身问题的关注程度，远比对你的兴趣高一百倍。一个人对脖子上一颗小痣的关注程度，要远远超过对非洲四十次地震的关注。下次你跟别人谈话的时候想想这个，做一个好的聆听者，激励对方多谈论自己。

探寻未知

文_奥里森·马登

一天，在詹姆士·罗斯查尔德爵士家的宴会上，法国著名画家欧仁·德拉克洛瓦当场透露：在过去的一段时间里，他一直发愁为正在创作中的画寻找一位乞丐模特。当他的目光停留在爵士脸上时，灵感突然闪现在脑中——他梦寐以求的模特就在眼前。作为一名忠实的艺术爱好者，罗斯查尔德高兴地答应扮演一名乞丐。第二天，在德拉克洛瓦的画室里，他将一件束腰外衣围在爵士肩上，让爵士手握一根短棍，并摆出一个造型，如同正在一座古罗马神庙前的阶梯上休息一样。德拉克洛瓦离开画室后，他最得意的一名学生进来看到了罗斯查尔德的乞丐造型。年轻人自然而然地认为这个乞丐是刚刚被带进画室，便带着同情的表情一声不吭地将一些钱塞在他手里。罗斯查尔德只是道了声谢，便把钱放进兜里，那个学生走出了画室。后来，罗斯查尔德从画家那里得知，那个年轻人很有绘画天分，只是缺乏处世经验。

没过多久，那个年轻人便收到了一封信。信中大意是，因为他的善良本性，将钱给了一个他认为是乞丐的人，而作为答谢，他将得到一万法郎，可以随时到罗斯查尔德的办公室领取。

这件事充分地说明了艺术的魅力，即使富有的人也不例外——画家的灵感，假扮的乞丐，以及一个可敬学生的善举。

德国教育家威廉·冯·洪堡说过：“尤其值得注意的是，当我们不过度担忧自己是否快乐，而是全身心地严格履行职责时，快乐自然就会来临。”

快乐的感觉不正像波光粼粼的水流吗？英国前首相格莱斯顿曾说：“我最大的快乐是在工作中得到的。我从小就养成了勤奋的习惯，并因此受益匪浅。年轻人很容易认为休息就是停止一切努力，可我觉得最佳的休息就是转变为另一种形式的努力。如果看书、学习太多而感到头昏脑涨，就出去晒一下温暖的阳光，呼吸一下新鲜的空气，让身心得到彻底的放松。大脑不久就会恢复平静并得到休息。天性中的努力成分是永不枯竭的，甚至在我们睡觉的时候，心脏也还在不停地跳动着。我试着将自己的生活方式顺应天性，并在劳动中尽力模仿；而最终的结果是甜美的睡眠、健康的消化能力，以及旺盛的精力。我所得到的这些皆源于勤奋的酬劳。”

只有那些把精力集中到一些目标而不是自身幸福的人，才能获得真正的快乐。“最美好、最显著的快乐是同他人共同分享快乐。”法国教育家拉·布吕耶尔评价道。

美国小说家霍桑也曾说过，相互分享的快乐才是内心所有快乐的巅峰。

从前有一个国王，他十分溺爱自己的小儿子，并想尽办法让小儿子开心。因此，国王买来小马给他骑，建造漂亮的房子让他住，当然少不了图画、书、玩具、老师、伙伴以及一切用钱能买到或没法做到的事情。虽然小王子什么都有，可他还是闷闷不乐。无论走到哪里，他总是一副愁眉苦脸的样子，并一直期待拥有他所没有的东西。直到一位魔术师来到宫廷才改变了一切。魔术师看到愁容满面的小男孩后，便对国王说：“只要我告诉你儿子一个秘密，我就能让他快乐起来，将他的苦脸变为笑脸，可你必须为这个秘密给我一大笔钱。”

“好吧，”国王说，“不管你要什么，我都会答应的。”小男孩被带到一个单独的房间，魔术师用一个白色的东西在一张纸上写了些字，并递给小男孩一支蜡烛，叫他点燃后，把纸放在蜡烛的上方，然后看可以读到什么。吩咐完了后，魔术师就走出了屋子。小男孩按照魔术师的话去做，这时，白色的字母变成了美丽的蓝色，并组成了这样一句话：“每天做一件好事。”王子接受了这个建议，成为王国里最快乐的人。

梦想与理想

文_詹姆斯·艾伦

这个世界的救星就是那些梦想家，因为这个现实的世界是由梦想支撑的。所以历经了层层考验、痛苦和磨难的人们，是美丽的梦想滋润了他们孤独的灵魂。人类不能忘记自己的梦想，也不允许自己的理想褪色和逝去。梦想存在于人类的内心之中，并且坚信总有一天会实现。

作曲家、雕塑家、画家、诗人、先知和智者，他们全都是未来的缔造者、天堂的建筑师。这个世界之所以这么美好，都是因为他们的存在，没有了他们，人们会因辛劳而逐渐毁灭。

心中有着美好梦想和崇高理想的人，总有一天会实现愿望。哥伦布对另一个世界怀揣着梦想，于是发现了新大陆；哥白尼对世界的多样性和更为宽广的宇宙有着美好的梦想，于是他翻开了宇宙的新篇章；释迦牟尼梦想着一个没有瑕疵、完美祥和的精神世界，于是他如愿以偿了。

珍视你的梦想；珍视你的理想；珍视拨动你心弦的音乐、你心中想象的美好以及内心最纯净的美妙的思想，因为一切令人愉悦的环境，一切天堂般的美好均来自于此。如果你为自己的梦想而努力，便终会建起一个自己的梦想世界。

即便是最伟大的成就在最初阶段也仅仅是梦想。橡树沉睡在橡果中，鸟儿在鸟蛋中守候；最崇高的梦想存在于灵魂中，苏醒的天使蠢蠢欲动。梦想孕育着现实。

你周围的环境可能不令人满意，可是假如你胸怀大志，并不断为这个理想而奋力拼搏，那么你周围的环境一定会迅速改变。内心的改变会促使外界环境产生相应的变化。有一个被穷苦和劳作所压迫的年轻人，长期待在一个环境恶劣的车间里，他受不到教育，也没有接触高雅艺术的机会。可是他怀揣着美好事物的梦想，他渴望智慧、优雅和美好。这一切督促着他采取行动，利用一切业余时间和一切方法（尽管它们微不足道）来发展他所蕴藏的能量和资源。不久，他的思想产生了巨大变化，那个小车间再也束缚不了他了。他把生活中的所有不如意都扔在了一边，好像扔掉一件旧袍子一样。机会不断出现，他找到了可以发挥自己的空间，开始大展宏图。多年以后，我们眼前的这个年轻人已经是一个成熟之人，他主宰了自己的思想，他独一无二的能力让世界为之惊叹。在他的肩上，背负着艰巨的责任，他的言谈举止和整个生活都发生了翻天覆地的变化。无数人崇拜他，把他视为楷模，他成为万众瞩目的伟人，甚至影响了许多人的一生。他实现了年轻时的梦想，与自己的理想融为了一体。

年轻的读者朋友，不管你的梦想是卑微还是绚丽，或是二者兼而有之。你也肯定会实现你心中的梦想（不是那种脱离实际的幻想），因为你会永远默默地朝着向往的目标努力，你的双手会实现你的所思所想；你所得到的，恰好是你所付出的，不多也不少。不管你现在的处境如何，你都将会追随你的思想、梦想和理想跌宕起伏，或是故步自封。你会变得像你所抑制的欲望一样渺小，也可以变得像你最崇高的理想一样伟大。

那些没有思想、无知、懒惰的人仅看到事物的表层，而不去关注事物的本质，只顾谈论运气、命运和机会，看到有人发财了，他们会惊呼："他是多么走运啊！"看到有人精明强干，他们会感叹："命运对他是多么眷顾啊！"看到有人品格高尚、受人景仰，他们会说："机遇总是在关键时刻助他一臂之力。"

在人类所做的一切事情中，既有努力又有结果，努力的程度是衡量结果的标准。机遇是靠不住的。天赋、能力、物质、智力和精神财富都是努力的硕果，它们是成熟的思想，是达到的目标，是实现的理想。

你头脑中崇尚的梦想和你内心深处的理想，就是你的生命和未来的源泉。

半对半生活

文_伊罗

我信奉生活半对半的理论。一半美好，另一半则会糟糕。我觉得，生活就像钟摆一样会来回晃动，我们需要时间和阅历才能懂得它的常态。也正是这样，我懂得了如何处变不惊地面对未来的一切。

让我们来确定一下好坏的标准吧：是的，我注定会死去。我已经历了如此多的死亡：父母、好友、受人爱戴的老板，还有心爱的宠物。这些死亡当中，有些突如其来，直击眼前；有些却是缓慢地折磨着，令人苦不堪言。而且，这些糟糕的事隐藏在心底最深处。

当然，生活中也有这样辉煌的时候：与心爱的人坠入爱河并喜结良缘。养育孩子，做些父亲该做的事，如训练儿子的棒球队；当儿子带着狗在小溪里游泳时，自己在一旁荡桨泛舟，我发现他的同情心是如此强烈——即使对蜗牛也表现出友爱；他的想象力是如此活跃——即使只有一堆零散的积木，他也能造出太空飞船来。

然而，人生中有一片辽阔的草地，各种好事坏事都在那里戏剧般地颠倒沉浮。这使我确信了生活半对半的理论。

有一年春天，我过早种下了玉米，那里地势低洼，容易被洪水淹没。因此，我受到邻居们的嘲笑，也为自己白白浪费的努力而懊恼不已。那年夏天异常酷热——我一生中最可怕的热浪和干旱降临了，生活如同我讨厌的一首乡村歌曲所描绘的情节：空调坏了，水井干涸了，婚姻结束了，工作丢了，钱也没了。而唯一使我精神振奋的是人气不断攀升的堪萨斯皇家棒球队，它将首次出征世界大赛。

回想那个可怕的夏天，我明白了，祸福相依，不顺心的事情总会过去。我要拥有和享受宁静的时光，这使我振作起来，要敢于面对突如其来的意外事件，并激励我再度辉煌。最近，堪萨斯皇家棒球队陷入低迷状态，但半对半理论让我看到了希望：在一个领域里，只要你辛勤耕耘，假以时日，就可以收获金秋十月。

哦，对了，玉米的收成？因为那个酷暑，地上的湿度恰到好处，提早播种使得授粉期避开了酷热当头，而稀少的雨水使挺立的玉米免受洪水之灾。那年冬天，玉米堆满了我的谷仓——每株玉米秆上结了三个硕大饱满的玉米棒，每一个棒子都长满了玉米粒。而邻居们的地里只有被晒黑的空壳。

尽管以前种玉米的收成总不尽如人意，将来可能还会如此，但我仍要继续种下去，因为这些经历了旱季依然能丰收的玉米大大鼓舞了我。

世界更高的规律

文_欧内斯特

我们的整个人生都是充满感性的。美德与邪恶之间的战争一刻也没有停止过。只有善良才是万无一失的投资。在全世界奏响的竖琴乐曲中，善良的主题激励着我们。尽管到了最后，年轻人对此可能会逐渐淡漠，但是宇宙中的规律却是永远不会改变的，永远与最敏锐的人同在。我们拨动一下琴弦，调整一下音调，动人的旋律就会使我们陶醉。那些许多令人厌恶的噪音，传得很远之后，听起来反而像一种音乐，这是对我们生活中卑劣行径的一个绝妙讽刺。

我们能够意识到灵魂中野兽的存在，当我们较崇高的本性变得渐渐麻木时，野兽就开始慢慢苏醒。它卑鄙，贪图感官享乐，并且有可能是无法彻底清除的。就像蠕虫一样，即使是在我们活着和健康的时候，也要寄存在身体里。也许，我们能够回避它，却永远也改变不了它的本性。我担心它的健康状况很好，以至于会使我们原本健康的身体变得不再纯洁。

如果我知道有一位英明的人，能够教给我洁身之道，我一定会毫不犹豫地去找他。然而，精神能够在一个特定的时间渗透，并控制身体的各个器官和功能，然后将最粗俗的贪欲改变成纯净和虔诚。我们旺盛的精力一旦被放纵，就会散布开来，使我们变得不再纯洁；如果稍加节制，就能给予我们鼓舞与启迪。纯洁是人性的花朵，而所谓的天才、英勇、神圣等只不过是它成功的果实。打开通往纯净灵魂的渠道，人类就能立刻到达上帝的面前。纯洁的灵魂使我们欢欣鼓舞，不洁的灵魂使我们消沉沮丧。确保自己心中的野兽日渐消亡的人，是被人们祝福的人，神圣的本质也将在他的灵魂中存在。也许只有卑劣与粗野的习性才会使人蒙羞。我害怕，我们是神与兽的结合，如果是这样的话，我们的生命恰恰就是我们的耻辱。

尽管贪欲形式多样，但终归还是一回事，所有的纯洁本质上都是相同的。纯洁与不纯洁始终势不两立。如果你想变得纯洁，那么你就必须节制自己。什么是纯洁？人们如何知道自己是否纯洁？无从得知。我们听说过美德，但是我们不知道什么是美德。听到谣传，我们便人云亦云。努力可以创造智慧与纯洁，懒惰却只能得到无知与贪欲。学生的贪欲是心智堕落的表现。不纯净的人通常都是懒惰的，他整天坐在火炉旁，不去享受外面的阳光；他整天都躺在床上，不管疲倦与否。如果想要避免不纯洁，避免所有的罪恶，那么就认真地工作吧，即使你的工作是清理马厩。尽管本性难移，但是本性一定要移。

我们毫无顾忌又恬不知耻地谈论着色欲，却对其他贪欲缄口不提。我们如此堕落，以至于不能简单地谈论人性的必要作用。在古代的一些国家里，人性的每个机能都如实地被认知，都受到法律的规范。对于印度的立法者来说，再琐碎的事物都是应该的。然而对于现代人的品位来说，就有些令人厌烦了。他教人们如何吃、喝、拉、撒、睡等，并提升这些最卑微的事情的意义，而不视它们为烦琐之事，对其避而不谈。

每个人都是神殿的建造者，而他们所崇拜的上帝正是他们自身。我们都是雕刻家和画家，我们进行创作的材料就是自身的肉体、鲜血和骨骼。任何高尚的品质都能使人类的特征得以提升，而卑鄙或贪欲只会使人堕落。

为悠闲者辩护

文_罗伯特·史蒂文森

不管是在中学还是大学，是在教会还是在市场，极度的忙碌都是缺乏活力的象征。而忙中偷闲的能力，暗示的则是一种广泛的爱好和强烈的个性。在我们身边有一种人，他们无精打采、异常迂腐，除了从事某一常规职业外，很少有生活的意识。假如把这些人带到乡村，或者让他们登上轮船，你就会发现，他们是多么渴望回到自己的书桌边或书房里。

他们没有好奇心，也不能自我挑战。他们不能享受发挥自己才能的纯粹乐趣，除非用棍子抽打着，否则他们会呆站着。与这样的人多说也无益，他们无法让自己悠然自得，他们的本性就不够慷慨，不会利用时间拼命工作，只会浑浑噩噩地打发时间。当无须工作，既不饥饿又不口渴时，对他来说，这个充满生命的世界只是一片空白。如果不得不要个把小时来等火车，他们就会双目圆睁、神情呆滞。看着他们，你就会猜想那里没有可看的风景，也没有可以交谈的人；也可能会觉得他们被吓呆或被疏离了。然而，他们极有可能是在工作中兢兢业业的人，对契约中的瑕疵或市场的变动有着敏锐洞察力的人。他们上过中学，受过高等教育，但是却总是把目光放在奖章上；他们游历各国，与智者结交，但是总考虑一己之私。似乎是嫌自己起初的灵魂还不够渺小似的，他们一生只是拼命工作，从不娱乐，以此来压缩自己的灵魂世界。直到40岁，还是在那里无精打采地等火车，不想去与他人攀谈，对娱乐也没有一点儿兴趣。在他还是孩童时，还可以在箱子上爬上爬下；到了20岁的时候，他可以盯着姑娘看；但是到了现在，烟斗抽完了，鼻烟盒也空了的时候，我们这位先生却直挺挺地坐在长椅上，目光忧郁。这样的生活，我并不认为是成功的。但是，他本人并不是唯一受到这种习惯折磨的人，还包括他的妻子、孩子、朋友和亲人，甚至还有与他同乘一车的人。

一个人始终如一地献身于其所谓的事业，就会永远忽略许多其他事物。而且，一个人的事业是否是他要做的最重要的事情，是不能用任何形式来确定的。要公正地判定的话，其中一点是显而易见的，那就是在人生的戏剧里，最聪明、最善良、最仁慈的角色都是由无偿的演员来扮演的。在世人看来，那是悠闲的状态。因为在这出戏剧里，不仅有散步的绅士、歌唱的侍女，还有乐队里勤勉的小提琴手，而且有坐在长凳上鼓掌的观众，他们都真正扮演着一个角色，并对整体效果发挥着重要的作用。毋庸置疑，你依赖于律师和股票经纪人的关照，列车员和信号员使你快速地转移，街道上警察对你的保护。但是对于那些路上偶遇的，使你开怀一笑的人，难道你一点儿也不心存感激吗？纽科姆上校的帮忙，却使他的朋友破了财；弗雷德·贝哈姆向人借衬衣，却是一个诡计。但是比起巴恩斯先生，他们两位倒是更值得结交。虽然福斯塔夫既不庄重也不诚实，但是我想我能说出一两个沮丧的巴拉巴，我想如果没有他们，这个世界会更好。哈兹里特曾提到，与那些懂得卖弄的朋友相比，他对诺思科特更有好感，尽管诺思科特对他并未有任何所谓的恩惠之举，因为他坚持认为，一个好的同伴就是最大的施恩者。

我知道世界上有一些人，除非以痛苦和苦难为代价赐予他们恩惠，否则他们便不会有感恩之心。这真是一种无礼的性情。一个人可能会给你写一封六页的信，同你漫无边际地闲谈，或者你开心地用半个小时读他的一篇文章，还有所收获。如果这篇文章是他用心血写成的，就像和魔鬼订契约一样，是否你会觉得更有恩于你？如果你的来信者咒骂你的刁难，你真的觉得你就会对他更加感激吗？乐趣比责任更能令人受益，就像仁慈的品质一样，由于没有任何矫饰，能给人加倍的福祉。

生命中每一天都是新的

文_阿诺德·贝内特

“没错，他是属于不懂得如何理财的那一类人。虽然拥有较好的工作、稳定的收入，足够供他日常消费和享用奢侈品了，但他并非特别奢华之人，时常陷入困境。总之，他属于那种不会理财的人。他有一套很不错的公寓，但里面空荡荡的，看起来总像是接待了一拨又一拨拍卖经纪人似的。崭新的西装，破旧的帽子；脖子上的领带华丽无比，下面的裤子却皱皱巴巴；请你吃饭时，他用雕花的玻璃器皿盛糟糕的羊肉，或把土耳其的咖啡泡在带裂痕的杯子里。他也弄不清楚，只好简单地解释说，他零星地花完了所有的收入。真希望我能有他一半的收入！我一定会教他……”

所以，大多数人偶尔都会怀着优越感对他人说三道四，加以批评。

我们每个人几乎都是财务部长，但这种骄傲转瞬即逝。一些关于如何消费的文章时常见于报端，这类文章常常能引起读者巨大的反响。由此可见，此类话题很受大众青睐。最近，一场激烈的争论在一份日报上展开了，话题围绕85英镑能否维持本国一名妇女一年的安逸生活。我曾看过一篇名为《8先令如何度过一周》的文章，但从未见过《如何度过一天的24小时》一类的报道。有人说，时间就是金钱。但我认为这句格言并不严谨，因为时间要比金钱更珍贵。通常，如果你有时间，就可以获得金钱。即使你拥有卡尔顿旅馆行李管理员的薪水，也无法买到比我或者火炉旁边的那只猫多一分钟的时间。

许多哲学家曾经阐释过太空，却从未阐释过时空。时间是无法解说的万物之源。拥有它，一切皆有可能；没有它，则一无所有。时间源源而来的确是每天的奇迹，人们每每遐想于此，总会为之震惊。清晨醒来时，当你睁开双眼，瞧！24小时已魔法般地装进你的钱包，它是你生命里一笔永恒的财富！它是属于你的，是你最为珍贵的财产。它是一件非凡的日用品，展现在你面前，就像它自身一样神奇。

注意！没有人能偷走你的时间，它是无法被偷走的。没有人能得到比你更多的时间，但也不会比你更少。

时间是完美的民主主义者。在时间王国里，财富和智慧的特权不复存在。即使是天才，也不可能在一天中多得哪怕一小时的酬劳。时间王国里也没有惩罚，即便这无价之宝被你随心所欲地浪费掉，它也不会拒绝再给你提供。不会有某个神秘的灵魂指责道："这个人是傻瓜，不然就是流氓。他不配拥有时间，应剥夺他的时间享用权。"时间远远比英国公债更可靠，它不会因为周末的到来而停止付息。另外，未来的时间你不能预支，更不可能负债！你仅能耗费过去的时刻，但不能耗费为你保留着的明天；也不能消耗为你保留着的下一个小时。

这是一件非常奇特的事，不是吗？

你每天都生活在这24小时里，另外，你还要获得健康、快乐、金钱、欲望、敬重以及提升你那圣洁的心灵。那么，时间能否正确高效地被利用，则是一件高度紧急又令人兴奋的事，它决定了一切。我的朋友！你的幸福——你所追求的一切丰厚的回报都依赖于它。奇怪的是，报纸如此富于开拓精神，站在时代的最前沿，却并没有太多关于“怎样在有限的时间里生活”的文章，反而充斥许多关于“如何支配固定收入”的文章！事实上，时间比金钱更昂贵，你仔细想想，便会意识到钱是很普通的东西，随处可见，比比皆是。

如果一个人不能靠有限的收入维持生计时，他就会去挣更多——或者去窃取，或登报求职。一个人仅靠1000英镑维持一年的生计的确很拮据，但他没必要因此浑浑噩噩地过一辈子。只要不辞辛苦，努力多赚些钱，完全可以达到收支平衡。然而，如果他没有充分有效地利用这一天24小时，那的确是虚度了。时间虽然定期而至，但也有严格的限制。

谁能把握一天的24个小时呢？我所谈及的“生活”既不是“生存”，也不是“稀里糊涂地度日”。我们当中谁能从因“巨大日常消费”问题而产生的焦虑中解脱出来呢？而这应该是我们可以应付自如的。又有谁能够确信，自己穿一套新西装时就不会戴一顶寒酸的帽子呢？或者说在关注器皿质地时，而忽略食物的质量呢？有谁一生都没有对自己说过“等有更多的时间，我就会改变”呢？

我们永远都不会有任何更多的时间。我们所拥有的只是原有的所有时间。这个真理意义深远却又常被忽视（顺便说一下，我仍未发现），它驱使我通过实践，考察自己每天所花费的每一分钟。